EL LUGAR SECRETO DEL GOZO

Lindell Cooley

Peniel

Buenos Aires - Miami - San José - Santiago

www.editorialpeniel.com

El lugar secreto del gozo
Lindell Cooley

Publicado por:
Editorial Peniel
Boedo 25
Buenos Aires C1206AAA - Argentina
Tel. (54-11) 4981-6034 / 6178
e-mail: info@peniel.com.ar

www.editorialpeniel.com

Originaly published in english
under the title: *"The secret place of joy"*
Copyright © 2002 by Lindell Cooley
Originaly published in the USA by Regal Books,
A Division of Gospel Light Publications, Inc.
Ventura, CA 93006 U.S.A.
All rights reserved

Traducido al español por: Karin Handley
Copyright © 2004 Editorial Peniel

Diseño de cubierta e interior: arte@peniel.com.ar

ISBN Nº 987-557-029-X

Edición Nº I Año 2004

Printed in Colombia.
Impreso en Colombia.

ELOGIOS PARA
EL LUGAR SECRETO
DEL GOZO

¡Qué maravillosa invitación a disfrutar de "lo maravilloso" de Dios! Y de todo lo que Él tiene para sus hijos, aquellos que enfocan su pasión en Él. En estas páginas Lindell Cooley nos guía paso a paso por un camino de deleite y determinación, hacia el lugar secreto del gozo.

DR. DICK EASTMAN
PRESIDENTE INTERNACIONAL DE "CADA HOGAR PARA CRISTO".

✦

Las grabaciones de música cristiana de Lindell Cooley han sido para mí durante años un vergel de agua fresca para mi alma. Ahora entiendo por qué. Este hombre es no solo un talentoso músico sino, además, alguien que vive su vida en el lugar secreto que Dios nos ofrece. Es un hombre que sigue con pasión a Dios, y este libro ayuda a los lectores a descubrir esta misma, intensa pasión.

J. LEE GRADY
EDITOR DE CHARISMA

✦

La música e inspirada liturgia de Lindell Cooley han enriquecido durante años al Cuerpo de Cristo. *El lugar secreto del gozo* nos regala una instantánea de su corazón y de su relación con Dios. Este libro le ayudará a descubrir la maravillosa alegría que aguarda a cada creyente en la presencia de Dios.

PASTOR TED HAGGARD
IGLESIA NUEVA VIDA, COLORADO SPRINGS, COLORADO, EE.UU.

La voz de la adoración resuena en cada lugar de la Iglesia. Lindell Colley con su voz nos guía en la seguridad de que nuestra adoración se encuentre en línea con la esencia de Dios, y no solo con nuestras ideas, para que la pureza mantenga la integridad de nuestra adoración.

DR. JACK W. HAYFORD
Pastor Fundador, Iglesia "En el camino" Representante legal The King's College and Seminary.

❖

Creerá usted estar en la sala de estar de Lindell, tomando café con él y oyéndolo narrar lo que hay en su corazón; sus historias le harán sentir que lo ha conocido desde hace mucho tiempo. Le asegurará que está bien "sentirse loco por Dios". Su pasión por la adoración de Dios nos llega a través de afirmaciones como: "Dejen caer sus agendas y levanten las manos". El ejemplo de Lindell lo impulsará hacia una pasión sencilla y pura por Aquel que murió para ganar nuestro amor.

BOB SORGE
Autor de Exploring Worship, a Practical Guide to Praise and Worship.

❖

Los cantores cantan. Los predicadores predican. Los maestros enseñan. Y los fieles adoran, estén donde estuvieren, hagan lo que hicieren. Esto sucede también con Lindell Cooley. *El lugar secreto del gozo* es más que un buen libro sobre el fruto del Espíritu; es la abundancia que fluye de un corazón lleno de adoración. Es una guía hacia el lugar que todos deseamos habitar, pero que pocos de nosotros encontramos. Lindell Cooley nos deja un rastro de singulares migajas de pan, para que podamos llegar allí. La adoración no trata sobre lo que podamos obtener, sino sobre lo qué podemos dar: adorar, pues para eso hemos nacido. ¡*El lugar secreto del gozo* es el hogar para el que hemos nacido!

TOMMY TENNEY
Autor del libro: "Características de un buscador de Dios"

Contenido ✤

CAPÍTULO 1

¡Uh!, ¡Dios!

¿Qué es lo que tienen estos que adoran a Dios?

Jamás podría haberme preparado para la sorpresa que Dios me envió una mañana de domingo en agosto de 1995. Llegó durante una pausa en mi conversación previa al culto con el Pastor John Kilpatrick, en la Iglesia de la Asamblea de Dios de Brownsville, Pensacola, Florida, EE.UU.

Tan solo dos meses antes la iglesia había pasado por una experiencia de cambio "repentino", similar a la que experimentaron los ciento veinte el Día de Pentecostés (ver Hechos 2:1-4). Sucedió cuando la gloria manifiesta de Dios descendió durante un culto por el Día del Padre en Brownsville, encendiendo e iniciando un reavivamiento que afectaría a cientos de países en el mundo.

Y ahora, otra experiencia "repentina". El regalo de Dios, especial, y solo para mí. Durante la pausa en la conversación con John, miré por la ventana y vi que alguien se acercaba a pie, que caminaba hacia el edificio. Había visto ya a esta joven anteriormente, pero en realidad nunca la había *visto* como lo hice en aquel momento.

Esta vez, mi atención se centró en sus rizos rojos, sus ojos castaños, su piel de porcelana y el inmaculado vestido de color azul. Incluso noté el modo gentil en que llevaba una mano a su cabello, preocupada por la leve brisa que soplaba sobre la playa de estacionamiento.

Aún recuerdo cómo me sentí al verla aquella mañana. Quedé boquiabierto, y todo lo que pude decir fue: "¡uh!" Mientras tanto, John intentaba con esfuerzo contener la risa, al ver cómo me derretía ante sus ojos.

En síntesis, comprometí mis recursos, energías y pasiones en cortejar a aquella joven llamada Amber. Finalmente, le pedí que fuera mi esposa, y mi vida ha sido bendecida especialmente desde el momento en que accedió a casarse conmigo.

El Señor me recordó aquel día crucial en mi vida, unos meses antes de que comenzara yo a trabajar en este libro. Me señaló que aún cuando había visto a Amber varias veces, durante los servicios de reavivamiento, era como si esa mañana de domingo la hubiese visto por primera vez.

Entonces me di cuenta: muchos de nosotros vivimos nuestras vidas en torno a los asuntos de Dios, pero jamás llegamos a experimentar en verdad el "¡uh!" de Dios.

El momento en que vi a Amber por primera vez fue potente, pero la excitación de ese instante no puede compararse con el "¡uh!" de Dios que me pega cada vez que su presencia manifiesta desciende sobre mí, durante el servicio o en momentos de comunión íntima con Él.

¿Ha experimentado usted alguna vez el "¡uh!" de Dios? Quizá haya asistido regularmente al culto o a los servicios en su iglesia, desde que recibió a Jesucristo como su Señor y Salvador. Y muy probablemente haya usted servido como maestro de Escuela Dominical, miembro del coro o trabajador voluntario, sin haber experimentado jamás el "¡uh!" de Dios.

Continuamente descubro a más pastores y ministros que han servido al Señor fielmente y, sin embargo, no pueden decir con sinceridad que han experimentado este "¡uh!" de Dios.

¡QUE PUEDA CONOCERLO!

Sin duda alguna, el apóstol Pablo es uno de los que experimentaron el inexplicable "temor" a Dios, temor como sinónimo de respeto y veneración, no como miedo. Probablemente haya sido el líder más culto y teológicamente instruido entre los líderes de los primeros cristianos; pero escribió algo sobre su relación con Dios que era muy personal y –digamos– basado en su propia experiencia, que resulta impactante:

> Pero todo esto, que antes valía mucho para mí, ahora, a causa de Cristo, lo tengo por algo sin valor. Aún más, a nada le concedo valor si lo comparo con el bien supremo de conocer a Cristo Jesús, mi Señor. Por causa de Cristo lo que perdido todo, y todo lo considero basura a cambio de ganarlo a él y encontrarme unido a él; no con una justicia propia, adquirida por medio de la ley, sino con la justicia que se adquiere por la fe en Cristo, la que da Dios con base en la fe. Lo que quiero es conocer a Cristo, sentir en mí el poder de su resurrección y la solidaridad en sus sufrimientos; haciéndome semejante a él en su muerte, espero llegar a la resurrección de los muertos (Filipenses 3:7-11, frase subrayada por el autor).

Pablo apasionadamente afirma que *no* se contentaba con solo tener un mero conocimiento de Dios. ¿Es este el mismo hombre que escribió la mayor parte del texto del Nuevo Testamento, que delineó la teología de la Iglesia? ¿En verdad compara su vida, de importantes y respetados logros teológicos y religiosos, con la *"basura"*? (v. 8) ¿Puede oírle gritar con dolor y pasión: *"Lo que quiero es conocer a Cristo"*? Debiera esto convencernos de que no había nada casual en el cristianismo de Pablo. No entregaría su vida por una relación árida y desinteresada con un Dios en tercera persona, un Dios "cuidador". No, este hombre lo dejó todo para *conocer* a Cristo personal, íntimamente.

> ¡MUCHOS DE NOSOTROS VIVIMOS NUESTRAS VIDAS EN TORNO A LOS ASUNTOS DE DIOS, ¡PERO JAMÁS LLEGAMOS A EXPERIMENTAR EN VERDAD EL "¡UH!" DE DIOS!

Pensaba yo que sabía mucho acerca de Dios, hasta que me impactó su presencia con este "¡uh!" Me sobrecogió la gloria de su presencia, en mi físico, en mi mente y en mi espíritu, cuando Él se acercó a mí. Estoy convencido de que este es el secreto lugar de la alegría que todos anhelamos. David nos da una pista muy fuerte de lo que es esto, en los Salmos: *"Me mostrarás el camino de la vida. Hay gran alegría en tu presencia; hay dicha eterna junto a ti"* (Salmo 16:11).

Una vez que ha experimentado uno este "¡uh!" de Dios, ¡se pierde la capacidad de sentirse uno satisfecho con menos que eso! El mero conocimiento acerca de Él ya no es suficiente. Uno quiere *más*, y parece que es justamente esto exactamente lo que Jesús quiere de nosotros. Nos dijo:

Mira, yo estoy llamando a la puerta; si alguien oye mi voz y abre la puerta, entraré en su casa y cenaremos juntos (Apocalipsis 3:20).

10

¿Teme usted a la palabra "intimidad"?

Cuando descubrí la alegría de estar ante la presencia íntima de Dios, tomé una decisión que cambiaría mi vida: estoy decidido a vivir en relación íntima y vibrante con el Señor Jesucristo.

¿Le pareció chocante la palabra "íntima" en la oración que acaba de leer? No le temo yo, porque la Palabra de Dios nos enseña que fuimos creados para disfrutar de una relación íntima con Él. La Biblia utiliza dos relaciones existentes en las familias sanas, para ayudarnos a comprender el modo íntimo en que Dios se relaciona con nosotros.

En primer lugar, y como más importante, la Biblia describe nuestra relación con Dios en términos de la relación íntima y de pacto que existe entre un esposo y su esposa. Me impacta especialmente, porque es esta una relación mutua, de ida y vuelta.

En segundo lugar, Dios compara su amor paternal por nosotros, con la relación íntima que los padres amorosos tienen con sus hijos. Nuevamente, estamos frente a una relación mutua en la que ambas partes dan y reciben amor.

Dios no teme a la intimidad. Ha avergonzado a generaciones enteras de pacatos, con sus desvergonzadas descripciones del amor de un novio por su amada, en el Cantar de los Cantares. Me pregunto cuántas personas le han dicho: "Dios, ojalá hubieras omitido ese libro de la Biblia. ¿Sabes cuántas preguntas embarazosas surgen a causa de él?"

Juan el Bautista tampoco hizo mucho por cambiar esta situación cuando caracterizó a Jesús como un Novio. Juan, el del Apocalipsis, continuó con el tema cuando describió a la Nueva Jerusalén –la gloriosa iglesia compuesta de judíos redimidos y gentiles– como la Novia del Cordero (ver Juan 3:28-29 y Apocalipsis 21:9-27).

La intimidad implica más que el contacto de superficie. No quiero parecer demasiado crudo, pero ya que Dios no evita el tema de la intimidad, ¿por qué deberíamos evitarlo nosotros? Piense en la diferencia que hay entre una relación de matrimonio y una aventura amorosa de una sola noche. En una aventura amorosa, uno satisface sus necesidades físicas, y se aleja sin más.

> UNA VEZ QUE HA EXPERIMENTADO UNO ESTE "¡UH!" DE DIOS, ¡SE PIERDE LA CAPACIDAD DE SENTIRSE SATISFECHO CON MENOS QUE ESO!

En una relación matrimonial genuina, la primera noche de intimidad matrimonial es el comienzo de una vida de compromiso y creciente intimidad. Está allí usted tanto en momentos de alegría como de sufrimiento. Se permanece unido en los tiempos buenos y en los malos, en la salud y en la enfermedad, en la vida y en la muerte. Es un pacto, la alianza matrimonial permanece vigente sin importar cuánto cambie nuestra apariencia física.

La verdadera intimidad es la intimidad del sufrimiento

Algunas personas señalan que Pablo dijo que deseaba conocer a Cristo en el *poder* de su resurrección. Así es, pero también estaba diciendo: "Quiero ser parte del poder de su victoria y el dolor de su sufrimiento".

Pablo no oraba pidiendo casas, tierras, riquezas o la liberación del dolor y la adversidad. No está mal pedir por ninguna de estas cosas cuando hay motivos apropiados. Lo único que Pablo realmente quería era "conocer a Cristo".

Pablo escribía en griego, al referirse al conocimiento de Cristo en su epístola a los Filipenses. Pero la interpretación del apóstol, del término "conocer" era totalmente hebrea, o judía.

La palabra hebrea que significa "conocer", *yada*, se refiere al nivel más profundo de la intimidad humana. Se utilizaba para describir la unión de marido y mujer como "una sola carne", y también para describir el modo en que una persona puede verdaderamente "conocer" la Palabra de Dios, al cumplirla y volverse una misma cosa con esta.[1]

Aparentemente, nuestra cultura tiene un problema con la intimidad. Tratamos de evitar el tema de la intimidad al hablar, especialmente al referirnos a Dios. Quizá debiéramos ver y contemplar la intimidad desde el punto de vista de Dios.

¿CÓMO SE SENTÍA DIOS CON RESPECTO A LA INTIMIDAD?

Trate de imaginar la respuesta personal de Dios hacia algunas de las personas que Él ama. Yo lo hice, al leer el relato de la creación en la Biblia. Traté de imaginar lo que Dios le diría a Adán:

"Primero, te hice a ti e insuflé mi aliento de vida en tu interior. Luego te ubiqué en mi jardín. Formé a una mujer, tomando una parte de tu propio cuerpo, porque sabía que querrías y necesitarías una compañera hecha a medida, que fuera hueso de tus huesos y carne de tu carne.

"Luego de otorgarte el deseo de tu corazón, te di autoridad para ser responsable de mi jardín, disfrutar del fruto de su abundancia y ser amo y señor de todo el mundo que yo había creado.

"Adán, te impuse un único límite. Te advertí que no comieras el fruto del árbol del conocimiento del bien y el mal. ¿Le dijiste esto a Eva? Eva, ¡lo único que te prohibí fue lo único a lo que no pudiste resistirte! ¡Y tú te le uniste, Adán! Compartiste su bocado del pecado, la culpa y la

muerte, en tanto la serpiente les alentaba a hacerlo.
"¿Cómo debiera sentirme, habiendo usted dos hecho exactamente la única cosa que les pedí que no hicieran jamás?" (ver Génesis capítulos 2-3).

¿Cómo se sentiría usted, si fuese Dios? Honestamente, tratándose de la mayoría de nosotros, nuestra reacción habría acabado con la raza humana en ese preciso momento.

Debemos alegrarnos de que se tratara de Dios

Dios ya había preparado un plan que satisficiera su naturaleza justa y preservara a su amada creación, pero le costaría más de lo que cualquiera de nosotros podría imaginar o comprender. Debemos alegrarnos de que el resultado final de la caída del ser humano dependiera del Dios del amor y la misericordia. Según mi versión personal de la conversación en Génesis 3, Dios dijo:

"Muy bien, lo has estropeado todo. Ahora tendré que echarte del jardín del paraíso.

"La mala noticia es que no podrás volver a entrar en tu estado actual, y que Eva pasará un muy mal rato al dar a luz. Adán, las cosas ya no 'crecerán por sí mismas' como sucedía en el jardín. Ahora tendrás que ganarte la vida con trabajo y sudor.

"Elegiste el plan de la serpiente, por lo que ahora descubrirás del modo más duro cuán dura puede llegar a ser la vida lejos de mí.

"La buena noticia es que ya estoy brindándote un camino para que puedas volver a mi presencia, y que yo personalmente haré que, a través de tus hijos, puedas recorrerlo."

Y luego, aún a pesar de que los hijos de Adán y Eva poco a poco dejaron de servir a Dios, Dios se acercó nuevamente a la humanidad. Se reveló ante un adorador de la Luna llamado Abram, y en este hombre creció la fe a medida que comenzara a construir una relación personal con Dios.

En base solo en una promesa del Dios que no podía ver, Abram obedeció a Dios y dejó su tierra y su hogar, para ir rumbo a una tierra prometida que jamás había visto (ver Génesis 12:13). Dios era tan bendito que le dio a Abram el nombre de Abraham y le prometió, a este hombre sin hijos, una familia enorme que bendeciría al mundo.

Personalmente, yo habría asado a algunos de los rebeldes

Luego del relato de Génesis, cuando llegué al libro de Éxodo comencé a imaginar cómo se habría sentido Dios cuando los hijos de Israel lo rechazaron, aún cuando vieron que Él hacía una cantidad de milagros y los libraba de la mano de hierro del faraón.

Cuando vi cómo las personas del Antiguo Testamento insultaban el amor de Dios, despreciaban su ley, ridiculizaban a sus líderes y desobedecían sus mandamientos, pensé: "Si yo fuera Dios, habría encendido mi parrilla para asar a algunos rebeldes". Gracias a Dios, Él tuvo una idea mejor que la mía.

Desdichadamente, la triste historia empeoró más y más. En cierto punto, Moisés mudó la carpa de reunión fuera del campamento, porque la gente tenía mucho miedo de Dios (ver Éxodo 33:7). Cuando la gloria de Dios brilló en el rostro de Moisés luego de su encuentro con Dios, la gente dijo: "Nos inspiras mucho miedo cuando vuelves de la montaña, luego de hablar con Dios. Tu cara se ve rara" (ver Éxodo 34:28-35)

Finja ser Dios por un minuto. Básicamente, tiene usted un hombre a quien puede hablarle, y ahora la gente no solo tiene miedo de usted, sino también de él, porque su rostro brilla cada vez que pasa algún tiempo en su presencia. Estas personas podrían bien decir: "Moisés, hueles como Aquel con quien has estado, y eso nos asusta".

Todo lo que Dios quería entonces era abrazar a sus hijos y bendecirlos, pero ellos continuamente lo rechazaban a causa del miedo, producto de su pecado. Años más tarde las cosas llegaron a estar tan mal que Dios solo podía hablarles a través de sus profetas. Y aún entonces, tampoco querían escucharlo. De hecho, comenzaron a matar a sus mensajeros.

Y luego se dio la relación de amor entre Dios y el rey David, un lugar de luz en los registros bíblicos. Sin embargo, al morir David, el afecto de Dios, visto con tal relevancia en la vida de David y en los salmos que escribió, parece haberse desvanecido. En tanto los corazones de los hombres y las mujeres se apartaron de Dios para volverse hacia otros amores, los pasajes de la Biblia que hablan del amor y la misericordia se vieron reemplazados por las severas advertencias de los profetas que respondían a las vidas pecaminosas de quienes formaban el pueblo de Dios. Solo la solución más catastrófica podría salvar a los descendientes de Abraham.

Acampando ante la entrada principal de los tribunales de divorcio

Cuando llegué a los libros de los profetas menores, cerca del final de Antiguo Testamento, me sentí como si viviera en la casa vecina a la de un matrimonio en conflicto, pronto a acudir a los tribunales civiles para un divorcio. Los descendientes de Abraham –los hijos de Israel– comenzaban a parecerse a una esposa infiel. Se necesitaría de una experiencia cercana a la muerte, a manos de sus peores enemigos, para que esta se convenciera acerca de abandonar a sus muchos amantes y volver a Dios.

Dios estaba cansado de soportar las tretas de su "esposa" infiel, que actuaba más como una prostituta que como una novia amorosa.

Cuando ya parecía que todo camino de misericordia inmediata se había agotado, Dios le dio una advertencia a su esposa infiel –los hijos de Israel–; le dijo que debería arrepentirse y volver o, por lo contrario, vivir de las migajas que le proveyeran sus supuestos amantes –los ídolos y falsos dioses de otras naciones–.

Cada vez que Dios le ofrecía misericordia a la humanidad, recibía más y más episodios de adulterio espiritual, insulto y rechazo de parte del pueblo de su alianza.

Las cosas no cambiaron mucho cuando seguí leyendo en el Nuevo Testamento y, sin embargo, Dios siempre se mantuvo fiel a su palabra. Primero envió a su único Hijo como cordero de sacrificio, para llevarse todos nuestros pecados. Como resultado, los judíos y los gentiles se unieron para crucificarlo, en una sociedad forjada en el infierno.

Luego Jesús personalmente le pidió a su Padre que perdonara a todos los involucrados, y a pesar de la habitual mala conducta de Israel, pidió a su Padre que enviara el consuelo –el Espíritu Santo– descrito en la profecía de Joel en el Antiguo Testamento (ver Joel 2:28-29).

¿Y qué sucedió después de eso? Varias generaciones más tarde, luego de que el Espíritu Santo llegara el Día de Pentecostés, lo que fuera común inmediatamente después de Pentecostés llegó a ser cada vez menos común en la vida normal de la Iglesia.

Fue entonces cuando el "¡uh!" de Dios parece haber desaparecido de la historia de la Iglesia, para ser reemplazado por políticas eclesiásticas movidas por el árido academicismo. A veces algunos líderes de la Iglesia hasta llegaron a enseñar que el ministerio sobrenatural de Dios ya no era necesario en la Iglesia moderna. Supongo que, en realidad, creían que la Iglesia había alcanzado la "perfección" mencionada por Pablo en 1 Corintios 13:8-13

¿Qué aspecto tiene la intimidad, en el estilo de vida de hoy?

Si aquello era en aquel tiempo, y esto es ahora, entonces, ¿dónde nos encontramos ahora? Hemos redescubierto y recuperado la mayoría de los dones y operaciones del Espíritu Santo hoy, pero parece que sufrimos de una enfermedad diferente en nuestro tiempo. Tendemos a desear las bendiciones de Dios, pero no deseamos invertir tiempo en Él.

El síndrome del "muéstramelo ahora"

Queremos la sanación y queremos que nuestras vidas cambien, pero no queremos que duela o cueste demasiado. Nuestras listas de deseos incluyen una moderna casa, automóviles, excelentes ropas, buena salud y liberación de la culpa; pero nuestra paciencia se agota si Dios aparece más tarde de lo que esperamos. Fruncimos el ceño si Él nos dice: "Quieres conocerme, pero no voy a venir a ti hasta después de medianoche. ¿Esperarás pacientemente hasta que yo llegue?"

Pocos estamos dispuestos a esperar más allá de lo que nos conviene, al punto de alcanzar problemas o autosacrificio. Si Dios no puede arreglárselas para llegar y aparecer para la hora del mediodía del domingo, abandonamos. ¿O acaso nuestros comentarios cotidianos no suenan como: "Después de todo, Dios, tengo citas que debo respetar, cenas que comer y programas de televisión que ver"?

¿Cómo responde usted cuando Dios intenta despertarlo en medio de la noche? ¡Sea franco! Seguramente, muchos de nosotros admitiremos que nuestra primera reacción es la de darnos vuelta en la cama y murmurar: "Está bien, Dios, seguro. Lo haré *mañana*".

El síndrome de "bendíceme"

Otros síntomas más sutiles, de lo egoísta de nuestra naturaleza, o del síndrome de "bendíceme", es nuestra persistente cacería en pos del más novedoso viaje gratis en el Espíritu. Algunos de nosotros somos surfistas espirituales; esperamos por la siguiente ola gigante que nos lleve a Dios.

Noto que hay un lugar legítimo para que el pueblo de Dios estudie los momentos y las estaciones, de modo tal de ver qué es lo que Dios hace hoy. Sin embargo, mi preocupación abarca a las personas que han elevado esta búsqueda por la ola más nueva hacia Dios, hasta convertirla en un arte.

Mi pregunta es: ¿Es que no ha hecho Dios aún lo suficiente? Cuando Jesús dijo "Todo está cumplido" (Juan 19:30), verdaderamente quiso significar lo que expresaron sus palabras.

Cuando hago una revisión de las acciones de la humanidad, desde el libro de Génesis hasta el libro del Apocalipsis, me entristece cómo se repite el rechazo que causa pena al corazón de Dios, la desobediencia y nuestra dureza de corazón. Todo lo que Dios quiere de nosotros es una relación, y en verdad no es difícil, a menos que insistamos en intentar satisfacernos al mismo tiempo, o en primer término.

He notado que me llevo muy bien con mi esposa Amber, en tanto no piense tanto en mí mismo. Cuando pienso en mí mismo, comienzan los problemas. Todo se derrumba cuando uno comienza a sentir que el compañero no ha tomado en cuenta nuestros sentimientos en aspecto alguno. "Debieras saber cómo me siento, pero no lo tomaste en cuenta, ¿verdad? No has sido considerado, para nada."

El egoísmo y el egocentrismo en todas sus formas, causan muy serios problemas en los matrimonios, y también en todo otro tipo de relación. ¡Realmente hacen que seguir a Jesús no sea fácil, que sea difícil, si no imposible! Él nos dio la solución cuando nos dijo: "Si alguno quiere venir en pos de mí, niéguese a sí mismo, tome su cruz cada día y sígame" (Lucas 9:23, subrayado por el autor).

¿DÓNDE PUEDE UNO CONSEGUIR ESTA CLASE DE AMOR?

Si quiere usted saber qué es lo que Dios dice, es esto: creo que Dios quiere que su Iglesia ame a las personas del mismo modo en que Él ha hecho que yo ame a mis hijitos. Honestamente, no hay muchos lugares en el mundo adonde acudir para recibir esa clase de amor íntimo. Es humanamente imposible amar a otros del modo en que uno ama a sus hijos, *a menos que* se está apasionadamente enamorado del Padre y que Él los ame a ellos a través de nosotros.

Es posible un amor similar a través de Dios también en una relación matrimonial. Fue mi amor por Amber lo que me hizo hacer y aceptar cosas que normalmente no habría aceptado. Si llegaba a casa y ella me saludaba con un beso y un comentario como: "Amor, quiero pintar la casa color de rosa", mi amor por ella habría primado por sobre todo disgusto natural que yo tuviera por el color de rosa. Podría decir: "¿No sería mejor pintarla de color azul, o verde?", pero mi resistencia se desvanecería si ella respondiera, "Amor, *siempre* quise el color de rosa, desde que tenía una casita de Barbie de ese color cuando era pequeña".

Amor de sacrificio

Mi mente podría gritar: "*¿Estás loca? ¿Puedes imaginar lo que tus vecinos dirían? En un radio de cincuenta kilómetros, todos conocerían tu casa como 'esa loca casa rosa de los Cooley'*". Pero eso no viene al caso. El amor derrite todo prejuicio en favor de mi amada: "Querida, si te gusta, entonces está bien para mí". El amor lo transforma todo.

Si está usted enamorado de alguien, aprende a amar lo que esa persona ama y a descartar lo que esta descarta. Es ceder, o sea, es lo opuesto a lo que a usted *solía* gustarle antes de que el amor entrara en escena, pero está usted dispuesto a cambiar su preferencia.

¿Qué es lo que hace que amemos a los perdidos, los pobres, los presos y los marginados? Como cristianos, los amamos porque Dios los ama, no porque nosotros tengamos tanta compasión. Jesucristo los quiere. Él anhela sanarlos, redimirlos, restaurarlos y bendecirlos; y Él se apena por ellos, hasta tanto todo esto acontezca. Esto significa que usted y yo debemos estar dispuestos a adaptarnos a las preferencias de nuestros seres amados. El amor lo transforma todo y abre el camino.

> LA ADORACIÓN ES UNO DE LOS POCOS REGALOS EN VERDAD DESPOJADOS DE EGOÍSMO, QUE PODEMOS OFRECER A DIOS.

Amor lleno de adoración

Si realmente ama usted a Dios, ¡no hay modo en que pueda dejar de adorarlo! La adoración es uno de los pocos regalos verdaderamente despojados de egoísmo que podemos ofrecer a Dios.

Cuando realmente lo adoramos, quitamos el foco de nosotros mismos y lo ponemos totalmente sobre Él. Todo lo que hagamos o digamos y tenga un motivo ulterior, deja de ser verdadera adoración, sin importar cómo lo llamemos.

Sí, la adoración a menudo es más beneficiosa para nosotros de lo que lo es para Dios, y es uno de los pocos actos humanos que Dios desea. Jesús le dijo a la mujer samaritana junto al pozo: *"Pero llega la hora, y es ahora mismo, cuando los que de veras adoran al Padre lo harán de un modo verdadero, conforme al Espíritu de Dios"* (Juan 4:23).

Es contrario a lo bíblico pensar que Dios *necesita* de nuestra adoración, pero Él sí desea y aprecia nuestra adoración. Dios es todo suficiente y omnipotente, pero se siente atraído a la adoración que se ofrece en espíritu y en verdad.

La adoración niega el yo

La verdadera adoración es auto sacrificio, porque hace que en lugar de centrar nuestra atención en nosotros mismos, la desviemos hacia el rostro y el corazón de Dios. En este sentido, literalmente experimentamos el ser de Dios cada vez que "adoramos al Padre en espíritu y en verdad" (Juan 4:23).

Por designio divino, usted y yo nos encontramos de parabienes cuando le ofrecemos a Dios nuestra sincera adoración. También sucede esto cuando demostramos nuestro amor por el prójimo, mediante actos de amor despojado de egoísmo. Jesús resume esto en dos grandes mandamientos:

> *Jesús le contestó: –El primer mandamiento de todos es: "Oye, Israel: el Señor nuestro Dios, es el único Señor. Ama al Señor tu Dios con todo tu corazón, con toda tu alma, con toda tu mente y con todas tus fuerzas". Pero hay un segundo: "Ama a tu prójimo como a ti mismo". Ningún mandamiento es más importante que estos* (Marcos 12:29-31).

Estos actos de amor despojados de egoísmos necesitan ser incorporados a nuestras vidas. ¿Cómo? En cuanto reordenemos nuestras prioridades. Cuando Amber y yo nos conocimos, escuché atentamente cada palabra que ella tuviera para decir. ¿Por qué? Porque deseaba oír al corazón de Amber, que me hablara través de sus palabras. Escuché atentamente, deseaba *conocer* a la persona oculta que vivía dentro de ese bello cuerpo.

También comencé a actuar según lo que oía. Si Amber decía que le gustaban las rosas amarillas, entonces le compraba rosas amarillas tan a menudo como me era posible. Si le oía decir que no le gustaba un color en particular, me aseguraba de no vestir ropa de ese color. De hecho, tiré todas las camisas de ese color para asegurarme de no usarlas accidentalmente. El amor transformó mi *interés* inicial, en decidido *compromiso*.

Actué según lo que oía

Cuando Amber me dijo que le gustaban las cosas antiguas, solíamos ir a tiendas de antigüedades con regularidad. Me gustaba visitar los anticuarios antes de conocer a Amber, pero después de que me *dijera* cuánto le gustaba ir de compras por antigüedades, su preferencia se convirtió en mi preferencia. Desde entonces me encantan cada vez más los anticuarios y me aseguro de hacer una parada estratégica cada vez que nos encontrábamos cerca de uno de sus negocios. El amor me motiva para actuar según lo que oí decir a mi amada.

Reorganicé mi estilo de vida para hacer de Amber mi más alta prioridad terrenal. Dios sigue siendo mi *primera* prioridad. Cuando está uno enamorado, cuando está uno detrás de alguien que se ama y atesora, es normal y aún esperable que se evalúe y quizá reorganice sus agendas y escalas de prioridades personales. ¿Qué dice el viejo refrán?: los hechos hablan más que las palabras.

Cuando decidí ganar el amor de aquella singular pelirroja, este soltero se volvió repentina y totalmente flexible. Es solo después de la boda que algunos nos volvemos inflexibles. Durante nuestro noviazgo hice que mi corazón palpitara en consonancia con el más mínimo deseo de mi amada. Mis preferencias personales comenzaron a ceder ante las preferencias personales de Amber. No se trataba de una ruda lucha de voluntades; ¡era, por el contrario, una gustosa, feliz y voluntaria claudicación del corazón!

No me malentienda: en realidad había cosas que a Amber le gustaban y que a mí realmente no me importaban ni me interesaban. El punto es que verdaderamente eso no me afectaba. Pero aprendí a tomarle el gusto a esas cosas, ¡porque me daban más oportunidades de pasar tiempo con ella!

¿No debiera suceder lo mismo en nuestra relación con Dios? Cuando en verdad seguimos y buscamos a Dios, cuando sentimos hambre de su presencia y desesperación por conocerlo, ¡el amor nos lleva a modificar con dicha y gusto nuestro estilo de vida, tan solo por poder estar con Él! El amor nos da la flexibilidad que necesitamos para acomodar y reacomodar totalmente nuestras prioridades, adoptar nuevos gustos y disgustos, de modo tal que nos gustan y disgustan cosas completamente diferentes a lo que solía suceder anteriormente.

El amor hace que temporariamente apartemos nuestra interminable lista de deseos. Nos consume una nueva cantidad de interrogantes: "¿Qué es lo que deseas, Señor? ¿Qué es lo que te gusta? Dime todo lo que tú odias, para que pueda evitarlo. ¿Hay algo que provoque pena en tu corazón?"

He descubierto que el abandonarlo todo por alguien a quien se ama, no implica sacrificio alguno. El fuego de mi deseo por complacer a mi Salvador, o por complacer a mi amada esposa, hizo que me fuera fácil dejar cosas que antes deseaba o de las que solía disfrutar. El amor hace que el cambio sea posible, y aún dichoso.

Cuando uno desea establecer una relación duradera con alguien a quien se ama, no hay pedido que parezca demasiado grande o demasiado difícil. Si el ser amado lo pide, intentaremos complacerlo. Por supuesto, habrá limitaciones y límites que no podremos sobrepasar en el nivel humano, pero Dios jamás nos pedirá algo a menos que Él esté dispuesto a ayudarnos a conseguirlo.

La maravilla de nuestra relación con Dios es que Él inspira en nosotros el deseo por conseguirlo. Lo único que necesitamos hacer es regarlo un poco, con obediencia y fe.

CAPÍTULO 2

El cambio estacional y el problema Velcro

La modalidad de salida determina la modalidad de entrada

No es casual que esté usted leyendo estas palabras justamente en este momento. No es por coincidencia que haya sobrevivido a las luchas y desafíos con los que se ha encontrado, ni es azar lo que ha hecho que conociera a determinadas personas a lo largo de su vida.

Dios tiene un plan para usted, que encaja perfectamente en el plan mayor que Él tiene para su reino. La Biblia dice: *"El Señor dirige los pasos del hombre y lo pone en el camino que a él le agrada"* (Salmo 37:23) Estoy convencido de que no fue por accidente que me mudé de Nashville a Pensacola, Florida. Era parte del plan de Dios para mi vida. El Señor no se equivocó cuando me reubicó, cuando me llevó desde los estudios de grabación de Nashville hasta un teclado ubicado en un servicio de reavivamiento en Brownsville, dirigido por el liderazgo del Pastor John Kilpatrick.

Dios tiene la intención de utilizar algunas de las cosas que decimos en estas páginas, para ayudarle a usted y a quienes lo rodean a hacer una transición que lo lleve desde las ocasionales visitas a Dios, hasta la vida en la *alegría* de la continua *presencia* de Dios.

Estoy convencido de que Dios desea enseñarnos cómo vivir la vida en íntima adoración, en lugar de vernos correr de un lugar a otro en búsqueda de lo último y más actualizado en material de servicios de culto o adoración.

Quizá haya luchado usted durante toda su vida por escapar de una prisión sofocante en su pueblo, o de algún destino sin salida que pareciera llevarlo a ninguna parte. A veces Dios quiere que redescubramos las virtudes ocultas de una infancia poco feliz, o de una historia familiar sin estridencias y con poco atractivo. Dios a menudo nos ayuda a dar nuevos nombres a estas cosas, o a remodelar sus formas y características dentro de nuestros corazones, con un propósito divino.

Tuve una infancia maravillosa, y fui bendecido al tener padres muy amorosos y seguidores de Dios, pero solía tener problemas con mi antiguo pueblo de la "vieja Pentecostés". El antiguo movimiento pentecostal es como un pozo de agua que producía un flujo continuo de Espíritu Santo, mucho antes de que el movimiento carismático contribuyera a hacer que este tipo de cosas fuese aceptable en algunos círculos. Sin embargo, los altos niveles de excitación, los códigos de vestimenta de "santidad", los rodetes en el peinado y la obvia separación social del resto de la sociedad, hacían que me fuera difícil mezclarme con mis pares en aquellos tiempos. El pinchazo de viejos estigmas me hacía retroceder a veces, pero esto ya no sucede. He aprendido a honrar mis raíces espirituales y a atesorar la rica herencia que me han dejado, aislando únicamente las pocas cosas que quizá no fuesen lo mejor entre lo que Dios aparentemente quería.

HAY UNA ESTACIÓN PARA CADA COSA

La vida es una secuencia de estaciones que fluyen una tras otra. No tomé este concepto así nomás, del aire. Salomón dijo algo sobre las estaciones, o los tiempos, en el libro de Eclesiastés:

En este mundo todo tiene su hora; hay un momento para todo cuanto ocurre: un momento para nacer, y un momento para morir. Un momento para plantar, y un momento para arrancar lo plantado. Un momento para matar, y un momento para curar. Un momento para destruir, y un momento para construir. Un momento para llorar, y un momento para reír. Un momento para estar de luto, y un momento para estar de fiesta. Un momento para esparcir piedras, y un momento para recogerlas. Un momento para abrazarse, y un momento para separarse. Un momento para intentar, y un momento para desistir. Un momento para guardar, y un momento para tirar. Un momento para rasgar, y un momento para coser. Un momento para callar, y un momento para hablar. Un momento para el amor, y un momento para el odio. Un momento para la guerra, y un momento para la paz (Eclesiastés 3:1-8).

La palabra hebrea *zeman* se traduce como "estación" y significa "ocasión apropiada".[1] Todo lo que Dios ha hecho en nuestra vida hasta este preciso instante, ha sido esencial. Cada una de las estaciones que hemos experimentado fue también una preparación vital para la siguiente estación.

Es importante que manejemos adecuadamente las transiciones, a medida que pasamos de una estación a la siguiente. El modo en que manejemos nuestra salida de la última estación, por lo general determina cómo nos irá en la estación siguiente.

> EL MODO EN QUE MANEJEMOS NUESTRA SALIDA DE LA ÚLTIMA ESTACIÓN, POR LO GENERAL DETERMINARÁ CÓMO NOS IRÁ EN LA ESTACIÓN SIGUIENTE.

Desdichadamente, muchas personas tienden a arrastrar consigo el viejo equipaje de las estaciones anteriores, al entrar en las nuevas estaciones de sus vidas. Puede resultarles muy caro.

Cuando Dios nos libera de un lugar, una estación en la vida, el proceso de salida puede ser a veces muy traumático.

Servimos a un Dios perfecto, pero la vida en nuestro mundo, caído, *nunca* es perfecta. Si las cosas son difíciles en cierto momento, o si las relaciones personales son tensas, podemos sentirnos tentados a cometer errores muy tontos, o a decir cosas hirientes o dañinas.

Asegúrese de que hace lo necesario como para "salir limpio". Asegúrese de que su conducta, actitud y motivos personales no son pasibles de reproche. Pida al Señor que le ayude a mantener limpio y puro su espíritu. Siga los pasos de Jesús y soporte la culpa de cosas que no ha cometido, si es necesario.

Imagine que sobre su espalda lleva una ancha banda de Velcro, la parte sobre la que todo adhiere. Cuando sale de una situación con ofensas irresueltas o motivos impuros, o si sale con ira de una situación, o con raíces de amargura en su corazón, entonces sale de esa estación de modo inadecuado.

El bagaje emocional y espiritual de ese embrollo sin resolución tiene su propia banda de Velcro, que desafortunadamente permanecerá adherida a su espalda cuando usted se retire.

El perdonar ofensas quita el Velcro de las estaciones del ayer

Recuerdo estaciones pasadas, en las que dejé situaciones difíciles pensando que yo tenía razón, y en la convicción de que me habían tratado de modo terriblemente equivocado. Luego el Espíritu Santo comenzó a mostrarme cómo ciertas personas se sentían incómodas o insatisfechas por el modo en que me había retirado. No me dejó opción, porque supe que necesitaba volver para intentar corregir mis errores.

Volví con las personas involucradas en la situación y les pedí que me perdonaran por haberlas ofendido. También perdoné a quienes me habían ofendido, lo que me permitió salirme de la situación en plena libertad. ¿Por qué? Porque había puesto todo mi esmero en honrar el Señor. Esto, además, ¡quitó de mi banda de Velcro la carga del equipaje viejo que llevaba aún adherida!

Hemos oído todo tipo de historias humillantes sobre personas que inadvertidamente salen del baño en un restaurante, sin darse cuenta de que llevan detrás una tira de papel higiénico aún pegada, saliendo por debajo de su camisa. De manera similar, cuando dejamos situaciones y estaciones con conflictos o temas irresueltos en nuestras vidas, arrastramos por donde vamos una cantidad de equipaje lo suficientemente embarazosa como para arruinar nuestra entrada en la siguiente habitación o estación de nuestras vidas.

Podremos arreglárnoslas para dejar la vieja estación y entrar en la nueva, pero la dicha de esta mudanza se ve empañada por una delatora cola de ofensas y amargura, que cuelga del Velcro espiritual en nuestras espaldas de manera flagrante. ¿Querría usted arrastrar algo como eso detrás de sí cuando entra en una nueva estación?

Además, el resentimiento irresuelto y el descontento pueden adherir a su Velcro espiritual cuando se siente usted lastimado, o cuando acumula resentimiento porque las cosas no marchan del modo en que usted espera que lo hagan.

La carga de ofensas se agranda con cada nueva desilusión o herida que aparezcan. ¡El espectáculo crece y crece, a medida que una carga se suma a la otra, y las acarreamos, combinándolas, a medida que pasamos de estación en estación! ¡Imagine cuán vergonzoso sería salir del baño de un restaurante, y arrastrar tras de sí unos setenta y cuatro metros de papel higiénico!

Si no ofrecemos perdón a quienes nos han ofendido –si intentamos librarnos de la embarazosa carga que viaja gratis sobre nuestras espaldas– entonces eventualmente quizá lleguemos a un punto en que figurativamente arrastremos una casa entera detrás de nosotros, al entrar en la quinta o sexta estación de nuestras vidas.

Acarreando ofensas como si fuéramos cangrejos ermitaños

Dios no nos creó ni nos equipó para que acarreemos ofensas que pongan impedimentos en nuestras vidas. He observado que las personas que llevan una casa de ofensas atada sobre sus espaldas, por lo general llegan a algún lugar de sus vidas en que deben detenerse y pensar: "Ya no puedo avanzar más".

¿Ha conocido alguna vez a alguien que lleva con orgullo su dolor y lo muestra para que todos lo vean? Como si se tratara de un perverso cangrejo ermitaño, parecen migrar de estación en estación, y acarrean una casa entera llena de dolor y ofensas sobre sus agobiadas espaldas. Tristemente, he notado que estas personas heridas participan cada vez menos de los propósitos de Dios, y que sus heridas gradualmente consumen por completo sus energías, su foco de atención.

Todo nos remite a la elección de dejar las estaciones de modo adecuado, o de modo equivocado. Nadie ilustra esto más apropiadamente que David, el líder bíblico que hizo una de las "transiciones estacionales" más dramáticas que hay en las Escrituras. Todo sucedió cuando Dios cambió el estatus de David, de ignoto pastor de ovejas, al más grande rey de Israel. David se cuidó de dejar una estación con corazón limpio, para poder entrar en la siguiente estación con libertad, para poder abrazar los propósitos de Dios.

Pareciera que David tenía pleno derecho de pelear contra Saúl. ¿No era acaso Saúl un rey rebelde que se había salido de control? ¿No había sido ungido públicamente David por Samuel el profeta, para reinar sobre Israel en lugar de Saúl? Si Dios estaba en verdad a favor de David, entonces por qué no podía este –por qué no *debería*– tomar el control de la situación, derrocar a Saúl y tomar con todo derecho su lugar en el trono de Israel?

El derecho de David para derrocar a Saúl se volvía cada vez más fuerte a medida que Saúl intentaba asesinar a David sin causa alguna.

¿Cómo reaccionaría usted si alguien tratase de matarlo, simplemente porque se siente celoso de usted y está paranoico?

Encontrando un "derecho" mayor que su "derecho a tener razón"

David sabía que había un derecho mayor que el suyo personal, por obtener venganza o por auto preservarse, a expensas de otro. Los hombres de David decían que Dios le había hecho un favor al poner al rey Saúl en una posición vulnerable en cierta oportunidad. Urgieron a David para que matara a Saúl mientras esto era fácil y seguro; pero David dijo: "*¡El Señor me libre de alzar mi mano contra* *mi señor el rey! ¡Si él es rey es porque el Señor lo ha escogido!"* (1 Samuel 24:6).

> SUS
> CIRCUNSTANCIAS
> PUEDEN NO
> CAMBIAR
> INSTANTÁNEAMENTE
> CUANDO DECIDA
> HACER LO
> CORRECTO, PERO
> ES MEJOR DEJAR
> UNA ESTACIÓN
> SEGÚN LA
> VOLUNTAD DE
> DIOS,
> EN LUGAR DE
> ELEGIR UNA RUTA
> MÁS FÁCIL O
> RÁPIDA.

Las circunstancias en que se encuentra usted pueden no volverse instantáneamente en su favor cuando decida hacer lo correcto, pero es mejor dejar una estación de modo acorde con Dios, en lugar de tomar una ruta más fácil y rápida. Dios sigue siendo Dios, por lo que nuestra obediencia *siempre* producirá una cosecha de bendiciones divinas en la estación que corresponda, ¡que probablemente pueda ser la estación siguiente!

Aún la actitud de Saúl cambió ante la decisión de David de honrar al ungido de Dios:

Cuando David terminó de hablar, Saúl exclamó:
—¡Pero si eres tú, David, hijo mío, quien me habla!
Y echándose a llorar, le dijo:
— La razón está de tu lado, pues me has devuelto bien a cambio del mal que te he causado. Hoy me has demostrado que tú buscas mi bien, pues habiéndome puesto el Señor en tus manos, no me mataste. En realidad, no hay nadie que, al encontrar a su enemigo, lo deje ir sano y salvo. Por lo tanto, ¡que el Señor te pague con bien lo que hoy has hecho conmigo. Ahora me doy perfecta cuenta de que tú serás el rey, y que bajo tu dirección el reino de Israel habrá de prosperar" (1 Samuel 24:16-20).

UN HOMBRE A IMAGEN Y SEMEJANZA DE DIOS

¿Cómo va uno entonces desde donde está hacia donde Dios quiere llevarnos, en estas estaciones de transición? El camino está en el corazón y en la Palabra de Dios, en lugar de hallarse en acciones, circunstancias e ideas humanas visibles.

Si comparamos la vida de David con la vida de Saúl, ¡notaremos que el castigo para Saúl fue mucho peor que el de David! Saúl le mintió a Dios, e intentó –infructuosamente– cometer un asesinato, guiado por los celos y su inseguridad. Por otro lado, David cometió adulterio y en verdad fue el que organizó el asesinato a sangre fría de un hombre inocente, que confiaba plenamente en él.

Los pecados y fallas de David parecen ser más y mayores que los pecados de Saúl, con la excepción de un factor: David tenía un corazón que seguía a Dios, en tanto para Saúl primaba la aprobación de su pueblo (ver 1 Samuel 13:11-14 y Hechos 13:21-22).

Muchas personas creen que Saúl comenzó siendo malo, pero la Biblia dice que era muy humilde en sus comienzos. Tanto le costaba sobresalir, que les fue difícil encontrarle el día de su consagración, porque se había escondido (ver 1 Samuel 10:21-22).

Saúl entró en la escena nacional como un joven que sobresalía entre todos los demás de Israel (ver 1 Samuel 10:23). Por otro lado, estaba David, oculto entre bambalinas, el hijo menor de un criador de ovejas, escondido por su padre entre los pastizales, que hacía una tarea de poca valía, usualmente reservada para los esclavos o los sirvientes, y quien eventualmente declaró la guerra a Goliat, *"¿Quién es este filisteo pagano para desafiar así al ejército del Dios viviente?"* (ver 1 Samuel 17:14, 34-37)

David lanzó su llamado en medio de la nada, adoraba a Dios en humildad, rodeado únicamente por ovejas y predadores. Siguió su vocación primera como adorador, durante todo el camino hasta su gran final como rey de Israel.

Aunque Saúl gobernó Israel durante cuarenta años como primer monarca de la nación, no se lo recuerda como el rey más poderoso. David tuvo, sí, algunos tropiezos y fallas en su camino, pero aún se lo reconoce como el más grande rey de Israel, como profeta, salmista y predecesor espiritual del Mesías. Si pensamos en los más salientes pecados y fracasos de David, diremos que culminó la carrera con estilo, porque siguió los pasos que le dictaba el corazón de Dios.

¿Cómo ha iniciado usted su carrera? ¿Es un adorador humilde, o está orgulloso de sus logros y tiene el ojo puesto en la popularidad y la apariencia exterior?

El corazón en acción

La clave de la exitosa transición de David, de estación en estación durante su vida, está en su corazón. La Biblia dice: *"Dios quitó de su puesto a Saúl, y les dio por rey a David, de quien dijo: 'He encontrado que David, hijo de Jesé, es un hombre que me agrada, y que está dispuesto a hacer todo lo que yo quiero"* (Hechos 13:22). Genuina y fervientemente, amaba David al Señor, y lo adoró al comienzo y al final, y siempre.

David vio la belleza del Señor y valientemente la proclamó a las naciones.

¿Estamos haciendo lo mismo nosotros? Por ejemplo, me siento orgulloso de mis hijos, y quiero que otras personas vean lo maravilloso que veo yo en ellos. Por eso, cuando mis hijos dicen o hacen cosas en público que pueden hacer que las personas los vean de forma incorrecta, los corrijo porque sé que no están presentándose del mejor modo. Creo que la mayoría de los padres hacemos lo mismo. No lo hacemos por orgullo; lo hacemos porque queremos que todos vean la gran valía que nosotros vemos en nuestros hijos.

David amaba tanto a Dios que quería que otros viesen las mismas virtudes y experimentaran la misma relación íntima que él tenía con Dios. Por medio de su adoración íntima, David pudo gozar de una inigualable visión de la belleza y la gloria de Dios, y esta alegría rebasaba su corazón en presencia del Señor.

El corazón en adoración

El intenso amor de David sorteó la mayoría de las barreras de la Ley, y le permitió compartir una relación de amor con el Dios de Abraham, Isaac y Jacob. Nadie ha alcanzado el estado de David como adorador de Dios. Aún hoy –del otro lado de la cruz y de la resurrección– seguimos intentando alcanzarle e igualar la intimidad e intensidad de la adoración de David ante Dios.

La adoración le permitió a David ver a Dios de manera jamás alcanzada por otros. ¡Su amor dio lugar a un flujo de loas y adoración a Dios en público, sin igual, que ha inspirado a mucha gente durante miles de años! David incluso compuso música y creó instrumentos especiales tan solo para que lo asistieran en comunicar la gloria de Dios a otras personas (ver 2 Crónicas 7:6).

El amor transformó a David en un "jactancioso de Dios". Su corazón estaba tan lleno de adoración y admiración por Dios que no podía evitarlo. Continuamente alardeaba sobre Dios y se jactaba, celebraba su fidelidad, su tierna misericordia, su rectitud e inigualable poder y gloria.

Los salmos de David son el producto visible de su genuino amor por Dios, y muchos de ellos surgieron en medio de crisis terribles, cuestiones de vida o muerte. Quizá es por eso que tantas generaciones de cristianos y judíos han atesorado los salmos, y tomaron fuerza de ellos en momentos de angustias y dificultades.

El corazón en transición

Como Iglesia en medio de un gran cambio –con respecto a la adoración– necesitamos colaborar en el proceso de transición entre estaciones. Muchos líderes de la iglesia, incluyéndome, creen que Dios está por reemplazar una cierta cantidad de "Saúles" por virtualmente desconocidos "Davides", en posiciones clave de su reino.

La Iglesia siempre ha encontrado problemas cuando sus líderes intentan conducirlo todo basándose en principios mundanos de éxito, o de opinión popular. Estas ideas suelen ser adoptadas ante la *ausencia* de movimiento de Dios, cuando los líderes suponen que es mejor que *algo* al menos debe moverse, en lugar de perder el favor y la aprobación de la gente. Por eso, si mantenemos nuestros ojos fijos en el corazón de Dios, podremos navegar mejor las aguas de este cambio de estación.

CAMBIO DE ESTACIÓN: UN LLAMADO AL LIDERAZGO SOBRENATURAL DE DIOS

Demasiado rápido olvidamos cómo Dios utilizó fenómenos inexplicables para atraer a las personas hacia sí en el Día de Pentecostés en Jerusalén (ver Hechos 3).

Si Dios utilizó lo sobrenatural para construir la primera Iglesia en la historia de la humanidad, ¿por qué querría entonces que el fuego del Espíritu Santo se apagara alguna vez? ¿Hay alguien que en verdad crea que Dios detendría intencionalmente el movimiento de los corazones humanos después de la comunión íntima con Él?

La triste verdad es que de acuerdo a la historia de la Iglesia, tendemos a apartarnos de la construcción sobrenatural de la iglesia, en favor de métodos humanos, ingeniados y manejados por personas, que son más fáciles de controlar y duplicar a voluntad.

Por ejemplo, Israel fue liderado por patriarcas, profetas, sacerdotes y jueces nombrados por Dios, hasta que la gente rogó por un rey *"como es costumbre en todas las naciones"* (1 Samuel 8:5), lo cual llevó a que Samuel ungiera a Saúl como rey.

Otro ejemplo bíblico nos muestra a Moisés y a los israelitas cuando eran guiados a través de la nada, por una nube de gloria durante el día y una columna de fuego durante la noche, hasta que finalmente cruzaron el río Jordán y tomaron posesión de la tierra de Canaán (ver Éxodo 13:21).

Además, después de siglos de envidia entre naciones vecinas, decidieron que querían un líder laico, como todas las naciones paganas que los rodeaban. Querían la seguridad de ser guiados por carne y hueso, en lugar de tener por guía a un Dios invisible. El dolor y la pena están documentados en el Antiguo Testamento.

¿Es que hemos elegido del mismo modo, y sin darnos cuenta cambiamos nuestras formas de gobierno en la Iglesia y nos apartamos de los patrones guiados por el Espíritu, basados en la Biblia, para buscar modelos de gobierno humanos y corporativos? Quizá debiéramos recordar que Dios –de todos modos– está decidido a reemplazar a los Saúles seculares por Davides espirituales centrados en Dios.

Mire más allá del statu quo

Al viajar por toda la nación, tengo el privilegio de hablar con cientos de pastores y líderes de la iglesia, todos muy dedicados. A lo largo de los años he encontrado muchos pastores que son músicos. Este no es un requisito para el servicio como pastor, ¡pero no perjudica en nada! Uno de los más valiosos subproductos de esta nueva tendencia, es que hace que se abra la puerta a nuevos niveles de

SOLO CONOCEREMOS EL CORAZÓN DE DIOS SI NOS ACERCAMOS A ÉL MEDIANTE LA ALABANZA Y LA ADORACIÓN.

creatividad en la vida de la iglesia y el ministerio. Sospecho que hoy David no sería aceptado de muy buena gana en algunas iglesias, porque no poseía credenciales musicales o académicas legítimas. Algunos líderes podrían llegar a verlo como un advenedizo, demasiado artificioso y creativo para encajar en el molde corporativo y en la mentalidad que prima en algunas iglesias.

¿Sería David lo suficientemente paciente como para soportar algunas de las larguísimas reuniones de presupuesto y marketing, o preferiría quizá excusarse sin estridencias para estar en presencia de Dios a través de su apasionada adoración?

Me pregunto si algunos de los líderes más creativos de Dios han sido marcados y separados de posiciones de responsabilidad y liderazgo porque no encajaban en algún aspecto del *statu quo*, de lo preestablecido.

La credencial más celebrada de David para ejercer el liderazgo era su *corazón*, la pasión de su corazón. ¿Valoramoa esta credencial lo suficiente hoy? Dios dijo que David era un hombre que seguía a su corazón (ver Hechos 13:22). Este rey pastor de ovejas era un creativo músico y salmista. También era un bravo guerrero, un gran rey, un fiel sacerdote y –por sobre todas las cosas– un gran adorador.

Dios disfrutaba tanto de la compañía de David –y de la compañía del equipo de adoración que había formado en Jerusalén– que anticipa el día en que Él personalmente levantará el tabernáculo de David una vez más (ver Hechos 15:16). Me pregunto si Dios disfruta de mi compañía de la misma manera...

Podemos producir y reclutar excelentes graduados de las escuelas de teología y negocios, que se desempeñan brillantemente como administradores y tienen la capacidad de construir grandes obras y hermosas iglesias pero, sin embargo, todo creyente y todo líder debiera preguntarse lo siguiente: "¿En qué estado están mis credenciales del corazón?"

A pesar de nuestros mejores esfuerzos y los intrincados y elaborados planes de organización, Dios sigue insistiendo en que es Él el que decide cómo y cuándo obrará. Solo hay una clase de persona que puede oír y percibir lo que Él está por hacer: la persona que sigue al corazón de Dios.

No importa si somos personas de negocios, músicos, predicadores, abogados, padres que trabajamos en casa, o científicos; solo conoceremos el corazón de Dios si nos acercamos a Él a través de la alabanza y la adoración pura.

EL CAMBIO DE ESTACIONES SE PRODUCE AHORA

El retorno al corazón de la adoración está comenzando en el Reino. Estoy convencido de que Dios prepara un cambio muy grande, que en su casa habrá modificaciones. Parece estar reemplazando los Saúles que complacen a las personas, por Davides que complacen a Dios. ¡Y esto, en lugares estratégicos, en todo el mundo!

Está decidido a restaurar una atmósfera de santidad y las prioridades del reino en su casa. ¿Debe cada pastor o líder ser músico o líder profesional? ¡En absoluto, no! ¿Pero debe ser cada creyente y líder en el Reino, un adorador? Sí, de seguro que sí.

Estamos entrando en una nueva estación y ya no podremos hacer las cosas del mismo modo en que las hacíamos hace cincuenta años. Estamos moviéndonos, cambiando, y todo por un propósito santo. Debemos aferrarnos a las cosas buenas, en tanto dejamos detrás las cosas homocéntricas que nos impiden ir en pos de Dios, con toda la fuerza de nuestros corazones.

Un obstáculo en particular parece que bloquea la restauración del tabernáculo de David en nuestra generación: nuestra falta de conocimiento. Dios dijo: *"Mi pueblo no tiene conocimiento, por eso ha sido destruido"* (Oseas 4:6). La solución parece sencilla: necesitamos encontrar el conocimiento de lo santo y divino que nos falta.

Un líder insospechado

La historia del joven Josías es una de mis historias bíblicas favoritas. A los ocho años llegó al trono de Judá, luego de que el pueblo se hubiera alejado de Dios y sufrido las consecuencias. Josías estaba decidido a guiar a su nación de vuelta hacia Dios. Y comenzó a hacer lo que sabía: limpió y reconstruyó el templo y derribó los lugares dedicados a los ídolos. Luego supo que un sacerdote había encontrado el Libro de la Ley en el templo. Cuando el rey Josías oyó por primera vez lo que le leían de la Alianza del Señor, rasgó sus ropas en señal de arrepentimiento y rápidamente comenzó a actuar para obedecer este nuevo conocimiento de la palabra de Dios (ver 2 Reyes 22:11-13).

Aún cuando el padre de este joven monarca –el rey Amón– y su abuelo –el rey Manasés– fueron reyes malos, Josías se paró frente a Judá a los dieciocho años de edad, y leyó el Libro de la Ley. Luego de deshacerse de los sacerdotes malvados, las prostitutas del templo, los lugares de sacrificios de niños y los sitios de adoración de ídolos, Josías hizo una proclamación valiente:

> *El rey ordenó a todo el pueblo que celebrara la Pascua en honor del Señor su Dios, según estaba escrito en el libro de la Alianza. Nunca se había celebrado una Pascua como esta desde la época de los caudillos que gobernaron en Israel, ni en todo el tiempo de los reyes de Israel y de Judá (2 Reyes 23:21-22).*

El rey Josías decidió celebrar la Pascua a pesar de que no había sido celebrada durante años. Este joven de dieciocho años se planto con firmeza en su decisión de adorar a Dios, y pronto guió a su pueblo de vuelta hacia Él.

EN TODA CIRCUNSTANCIA, ALABA A DIOS

Dios quiere restaurar la verdadera adoración a su casa, la adoración que es ofrecida *"en espíritu y en verdad"* (Juan 4:24). Jamás he conocido a alguien que ame a Jesús y no desee adorarlo. ¡Pero he conocido a *muchos*, que no sabían *cómo* adorarlo!

Estoy convencido de que Dios nos ha dado a todos la capacidad de alabarlo y adorarlo. Nuestro problema es que nos volvemos demasiado dependientes de las técnicas y cosas exteriores. La verdadera adoración proviene del corazón, y debería iluminar todo lo que hacemos. ¡Hasta podemos ofrecerle a Dios alabanza y adoración mientras cambiamos el aceite del motor del automóvil, o cuando lavamos los platos en la cocina!

¡Debemos despertar nuestros corazones a la adoración! El deseo está allí, pero muchos de nosotros parecemos estar espiritualmente dormidos. Necesitamos separarnos de nuestras cargas en el Velcro y de nuestros fracasos pasados. ¡Es hora de alabar al Señor!

¡Debemos recordar que el modo en que salimos de una estación previa determinará el modo en que entramos en la estación venidera! Nos espera más alegría de la que podamos concebir o imaginar, si dejamos de lado el equipaje de ayer, y entramos en su presencia con agradecimiento y alabanza.

Dios espera oír un nuevo canto de adoración, salido de nuestros corazones. ¿Lo dejaremos esperando?

CAPÍTULO 3

Cambio y oportunidad

Atravesando un proceso de maduración

Todos los meses conozco a alguna nueva persona que ha enterrado su pasado con el propósito de escapar de recuerdos dolorosos. La mayoría se dio cuenta luego de algún tiempo que, junto con estos recuerdos, enterró sus esperanzas y sueños de la juventud ¡No se habían percatado de que su pasado probablemente contuviera el secreto para su futuro!

Dios por lo general nos muestra ciertas cosas en nuestros primeros tiempos como creyentes, que luego serán realidad más adelante en nuestras vidas. Esas cosas parecen imposibles cuando se nos aparecen por primera vez, pero hay algo muy dentro de nosotros que en verdad *cree* que Dios tiene el poder de convertirlas en realidad.

Estas revelaciones de los años primeros, son las semillas de cosechas *futuras*. Cada semilla contiene todo lo que necesitamos en el principio, porque nuestra tarea en esa etapa consiste en creer en Dios y plantar la semilla en el suelo de su fidelidad.

APRENDA A CREER

A medida que pasan los años, muchos de nosotros perdemos la capacidad de creer. ¿Por qué? La mayoría no nos damos cuenta de que Dios nos lleva a lo largo de un proceso de maduración para que obtengamos la fuerza y la sabiduría que necesitamos para seguir nuestra verdadera vocación y produzcamos buen fruto en el campo de la vida (ver Santiago 1:5).

Una de las cosas más dolorosas con las que me encuentro en el reavivamiento de Pensacola, es el ministerio y la oración con los creyentes más viejos, que han perdido su alegría a causa del dolor o la pena de su pasado. Para ayudar a las personas a redescubrir su alegría, les digo que nombren las cosas que Dios plantó en sus corazones a lo largo de su vida.

¿Por qué no saltamos de lleno hacia nuestro destino cuando Dios planta la semilla en nosotros desde el comienzo? Permítame preguntarle lo siguiente: ¿pondría usted a un infante en medio de un campo de algodón y le daría la orden de "recoger la cosecha"? ¿Le daría a un niño de cuatro años de edad un tractor para que arase un campo? La sabiduría nos dice que por nuestro bien, hay tareas vitales o peligrosas que solo están reservadas para quien ya ha madurado.

Dios puede plantar un sueño en su corazón cuando usted es aún joven, pero raramente –o casi nunca– lo liberará de lleno frente a su destino o ministerio, antes de que haya usted pasado por experiencias de vida diseñadas especialmente para usted, que le harán desarrollar la fe madura que glorifique a Dios.

¿Por qué hace el Señor esto de llevarnos a lo largo de este proceso? ¿Ha notado cuántas de las pruebas por las que ha pasado a lo largo de su vida le señalan la necesidad de ser responsable? Dios quiere que comprendamos la importancia de las personas y las relaciones. Debemos aprender cómo preservar una amistad, cumplir un convenio, someternos a la autoridad y humillarnos ante otros, si tenemos la esperanza de caminar con la autoridad venida de Dios.

ASUMIR EL CARÁCTER DE DIOS

El liderazgo en las cosas de Dios requiere de cualidades que se forman en nuestro carácter, a medida que uno aprende a dejar de lado los compromisos para servir a otros. Uno asume el carácter de Cristo al someterse al proceso de ponerlo a Él primero, y poner primero a otros en lugar de a uno mismo. Es este el método probado de Dios, de forjar la imagen de Cristo en nosotros. De esto se trata el ser un discípulo de Cristo.

Los tiempos de Dios no coinciden con los nuestros. Él nos lleva a nuevas responsabilidades, autoridad y ministerio, a medida que aprendemos a confiar en Él por medio de la fe, en lugar de ir cumpliendo sus cometidos mediante la confianza en nuestra propia fortaleza.

He orado con muchas personas de entre sesenta y setenta años que sentían que aún no habían cumplido aquello que Dios les había llamado a hacer. En la mayoría de los casos, noté que simplemente era porque no habían aún aprendido ciertas lecciones. Sin embargo, era de notar que cuanto más rápido aprendían la lección, tanto antes avanzaban hacia el siguiente paso que Dios tenía

> LOS TIEMPOS DE DIOS NO COINCIDEN CON LOS NUESTROS. ÉL NOS LLEVA A NUEVOS TRABAJOS, AUTORIDAD Y MINISTERIO A MEDIDA QUE APRENDEMOS A CONFIAR EN ÉL POR MEDIO DE LA FE, EN LUGAR DE IR CUMPLIENDO SUS COMETIDOS MEDIANTE LA CONFIANZA EN NUESTRA PROPIA FORTALEZA.

preparado para sus vidas. Muchas personas mayores se desesperan cuando comienzan a creer en la mentira de que ya están demasiado viejos para cumplir con el plan que Dios tiene para sus vidas. Por lo general, oro por ellos de la siguiente manera:

"Señor Jesús, solo busco y traigo al presente aquellas profecías, vocaciones y sueños que tú plantaste en el corazón de esta persona hace mucho tiempo ya. Reclamamos todo lo que es santo de ti, que el enemigo o la mente ha robado por medio de la racionalización negativa o la justificación por falta de fe. Recuperamos y abrazamos lo mejor de ti y descartamos el resto. Estos sueños y visiones santos eran más que meramente los pensamientos e imaginación loca de la juventud. Venían de ti".

NO MALINTERPRETEMOS LAS INSINUACIONES TEMPRANAS DE DIOS

Estoy convencido de que Dios planta pensamientos y vocaciones santas en todos nosotros, sin importar cuán extremos puedan parecer. A menudo complicamos estas tempranas insinuaciones de

Dios, malinterpretándolas. Podemos también ubicarnos a nosotros mismos en posición más prominente o importante, cuando pensamos que las insinuaciones nos hacen mejores personas en comparación con los demás.

Quizás en sus sueños, ha visto usted estadios llenos de gente en adoración, por lo que le parece obvio que deba ser usted un líder o ministro designado para tal evento. Esto no es necesariamente así. Dios debe dar a muchas diferentes personas la misma visión, y debe orquestar una coincidencia de asignaciones divinas para el siguiente año –o los siguientes veinte años– para que estas se vuelvan hechos.

La verdad es que se necesita una gran cantidad de personas con la misma visión para llenar un enorme estadio. Alguien debe tener el suficiente dinero o la suficiente capacidad financiera como para pagar las cuentas. De otro modo, las puertas del estadio jamás se abrirán.

El reino de Dios no avanza espiritualmente en la Tierra, a menos que personas como usted y como yo oremos e intercedamos ante Dios para abrir los caminos del reino espiritual. Debe haber un ejército de acomodadores, músicos, técnicos y personas de soporte para que este sueño se vuelva realidad. Por designio divino, se necesita una cantidad de vocaciones que trabajen juntas para que la voluntad de Dios se haga en la Tierra así como en el cielo.

Muchas veces surgen serios problemas y desilusiones cuando pensamos: "Yo soy la persona número uno en esta visión. Debo ser el líder si Dios va a bendecir esto".

Es mejor si avanzamos en humilde relación con el Señor y con los demás. Debe ser una alegría para nosotros el poder ser parte de algo que Dios hace. No debería importarnos si estamos delante de todo, o si somos famosos, o si estamos entre bambalinas, en el lugar de quien ofrece soporte o simplemente en el rol de un desconocido seguidor.

Moviéndonos en la dirección que Dios indica

Me causa enorme emoción el estar en la misma habitación en la que Dios se mueve. Es muy emocionante estar vivo, cuando Dios vierte cosas frescas sobre la Tierra. Sinceramente, no importa si mi trabajo es el de liderar el servicio de adoración, o el de limpiar los baños; ¡simplemente me alegra estar ahí!

Piense en esto: es mejor que la alternativa. Podría usted estar del otro lado del desierto, luego de caminar durante cuarenta años sin tener nada por delante más que la perspectiva de morir en la arena caliente, y todo porque no confió lo suficiente en Dios, como para dejarlo guiar sus pasos hacia su destino.

La Biblia está llena de ejemplos de personas que sacaron a relucir sus vocaciones y visiones, que marcaron una diferencia en el mundo por medio de la obediencia y la fe. Por ejemplo, Moisés pasó los primeros cuarenta años de su vida en la casa del faraón; allí aprendió a ser príncipe, y luego echó todo a perder a causa de su presunción y su mal carácter. Luego pasó los siguientes cuarenta años en el exilio, como pastor de ovejas en un desierto; aprendió todo lo que uno pueda imaginar sobre cómo sobrevivir en la intemperie, lejos de todo.

Fue solo en su tercer intento –cuando ya tenía ochenta años– que entró en la tercera etapa de cuarenta años que se trataron del cumplimiento de su vocación como liberador de los hijos de Israel.

Si siente usted que ha olvidado o perdido de algún modo su vocación o su propósito en la vida, le sugiero que prontamente desempolve la visión que Dios plantó en su corazón hace mucho tiempo. Los golpes de la vida pueden haberle dejado sin aliento casi, y podrá usted sentir que ha pasado estos últimos cuarenta años en una etapa de andar sin rumbo en el desierto; pero puede estar usted casi al final del plan de lecciones que Dios tiene para usted. Complete su entrenamiento *ahora*, para seguir avanzando.

COMIENCE POR HACER LO QUE SABE

Nunca es tarde para decir sí a las insinuaciones de Dios, en tanto Dios esté involucrado en nuestra vida. Evite las arenas movedizas de la oración por la voluntad de Dios, y en lugar de esto, comience a hacer lo que ya sabe hacer por medio de la Palabra de Dios. Permita que su vida se conforme a la imagen de Cristo, y se encontrará a sí mismo inmerso en la vida y los propósitos que Dios tiene planeados para usted.

No se deje engañar por aquella mentira de que su vida le pasa por delante de los ojos. No escuche a las negativas de su mente, o del diablo, que le dicen: "Espero que sepas que tus mejores años han quedado atrás. Hiciste una mala elección y ahora has perdido la vocación de Dios, has quedado descalificado para siempre". Dígale eso a David. ¿Acaso él hizo caso a toda esa basura? Dígale eso a Pedro, el traidor, y a Tomás, el dubitativo.

> NO SE DEJE ENGAÑAR POR AQUELLA MENTIRA DE QUE SU VIDA LE PASA POR DELANTE DE LOS OJOS.

Es verdad que las malas decisiones pueden afectar su futuro. Pueden hacer que el proceso de maduración sea más largo y más doloroso, y hasta ineficaz en algunas áreas; pero nada puede destruir o debilitar el amor, la gracia y el maravilloso plan que Dios tiene para usted

Dios aún confía en la inversión que Él ha hecho en usted

¡Dios aún confía en su inversión inicial! A pesar de que los líderes del pueblo judío en los tiempos de Jesús se unieron a los líderes no judíos para rechazar a Jesús como Mesías, el Señor dijo: *"Pues lo que Dios da, no lo quita, ni retira tampoco su llamamiento"* (Romanos 11:29). Esto significa que Dios no ha cambiado de opinión, y que se niega a retirar el llamamiento que hizo al pueblo judío. Siguen siendo, y siempre serán, el Pueblo Elegido de Dios. Él aún los ama, a pesar de sus serios errores, y les ofrece gloriosa redención a través del Mesías. Dios aún confía en la inversión que ha hecho también en *usted*.

El plan de Dios y su visión para usted aún pueden cumplirse, sin importar que sienta usted que ya ha pasado su tiempo. La pregunta en verdad es: "¿Qué hará usted al respecto, ahora mismo? Por ejemplo, un ministro importante comete un pecado moral, o cae en la tentación financiera y pierde así la confianza de todos sus seguidores, cuando su pecado es anunciado a los cuatro vientos en todos los medios de prensa. Sin embargo, si su arrepentimiento es sincero, su vida no ha acabado como siervo de Dios. En la mayoría de los casos es probable que el hombre jamás logre exactamente lo que podría haber logrado si no hubiera pecado, pero de todos modos puede seguir siendo parte del equipo que sí logre cumplir con la visión.

El rey David pecó con Betsabé y planificó el asesinato de Urías, pero se arrepintió y continuó participando en la construcción del templo para Dios, al preparar el camino para que lo realizara su hijo Salomón (ver 1 Crónicas 22:6-14).

Si su corazón y afectos están dirigidos al Señor, en lugar de estarlo hacia la aprobación de otras personas, entonces recibirá alegría al ver cumplirse los propósitos de Dios, aunque no esté conduciendo el ómnibus que lleva al equipo.

Dios no nos vence ni nos pega con nuestras debilidades, sino que las utiliza para que nos apoyemos en Él con todo nuestro ser. Dijo Pablo: *"Pero el Señor me ha dicho: 'Mi amor es todo lo que necesitas; pues mi poder se muestra plenamente en la debilidad'"* (2 Corintios 12:9).

Que su integridad se combine con el alcance de su vocación

Algunos de nosotros solo descubrimos demasiado tarde que no podemos manejar la autoridad que se nos ha dado. Surgen problemas si las personas ven nuestros dones y nos exaltan demasiado, o nos hacen avanzar demasiado rápido. En algunos casos necesitamos desarrollar un nivel más alto de integridad personal para poder manejar el alcance del llamamiento de Dios en nuestras vidas.

¿Qué pasaría si Dios lo llamara para estar sobre el ómnibus, pero las personas a su alrededor exaltaran su talento personal, su habilidad y destreza a tal punto que sin desearlo, debiera terminar usted conduciendo el ómnibus? Es fácil olvidar –y difícil admitir– que Dios lo llamó para estar sobre el ómnibus, aunque no para ser el *conductor*.

Desafortunadamente, los resultados son casi siempre desagradables si tales situaciones no se corrigen.

Como los propósitos de Dios avanzan constantemente, a menudo Él cambia a su personal y modifica sus métodos –a veces solo para evitar que caigamos en una rutina religiosa–. Puede derramar sus bendiciones a través de un suboficial en cierta época, porque la persona es buena para mantener el orden del ejército de Dios en tiempos de paz. Pero luego, en otra época de avances drásticos, el Señor puede cambiarlo todo. En tiempos de lucha, la modalidad del suboficial no sería la adecuada. ¿Tendrá entonces el suboficial la gracia suficiente como para pasar a un costado y sumar su experiencia y habilidad organizativa al equipo de soporte, bajo las órdenes de un general conocido por sus agresivas estrategias? Que la terminología militar no le impacte negativamente; en términos de la Iglesia, es más apropiada de lo que muchas veces admitimos.

Verá, debemos cubrir continuamente la brecha existente entre lo viejo y lo nuevo al seguir a Jesucristo a nuevas alturas, a nuevos lugares. También debemos llevar con nosotros a quienes tienen dificultades en cada transición.

Quizá haya habido siempre malos entendidos entre los grupos de diferentes edades dentro de la Iglesia, pero siento con certeza que esto jamás ha formado parte del plan de Dios. Los creyentes de más edad a menudo sienten que los más jóvenes no desean aceptar un consejo, y que son irrespetuosos. Y los jóvenes pueden sentir que los mayores se resisten a aceptar nuevas formas de hacer las cosas, a nuevas formas de pensar. En sus mentes, se preguntan: "Si la forma antigua de hacer las cosas era tan buena, ¿por qué hay tal desastre en el mundo?"

Los cambios traen oportunidades

Fui joven y ahora soy un poco mayor, pero dolorosamente me doy cuenta de que muchas personas –tanto jóvenes como mayores– se resisten a los cambios. También he notado que quienes sí desean avanzar, suelen ser rápidos para juzgar a quienes se sienten renuentes o inseguros al respecto. Siempre debemos recordar esto: el cambio trae incertidumbre, pero también presenta oportunidad.

No importa qué lugar nos toque en el mosaico de la familia de Dios, tan diversa. Cada uno de nosotros comete errores, cada día, cada vez que respiramos. Si Dios hiciera una lista de mis errores y fracasos, es posible que necesitara de todos los árboles de Tennessee solo para contar con la cantidad de papel necesaria para escribirlos todos. Decididamente, he pateado más penales afuera que los que he convertido, y todavía no colgué los botines.

¿Qué es lo que hace que Dios siga continuamente creyendo en mí, a pesar de todas mis falencias y fracasos? Su *misericordia*. Misericordia, una de las muchas palabras que usamos inconscientemente sin pensar realmente en el significado que tienen.

Y lo opuesto a misericordia es la justicia. Si pudiera usted examinar su registro espiritual, o el mío, desde el comienzo de nuestras vidas, encontraría solo una característica invariable en ese registro: *fracaso*. En mi caso, sé que vería usted innumerables instancias en las que no hice lo que sabía que debía hacer. Por eso, gracias, Dios, por tu misericordia.

AUMENTA TU MISERICORDIA SOBRE MÍ, SEÑOR

Usted y yo merecemos la muerte, pero a causa de Jesús el Padre nos dio misericordia cuando nos presentamos ante Él con corazones humildes llenos de arrepentimiento. ¿Cuánta misericordia necesitamos? No creo que alguna vez lo sepamos, pero debemos alegrarnos de que Dios tenga infinita provisión de misericordia.

A través de la misericordia, Dios ve lo que *seremos*, no lo que *somos*. Cuando Dios nos ve, ve propósito divino en nosotros.

Mi esposa Amber y yo recién nos habíamos mudado a una casa, y luchábamos por decorarla en medio de interminable actividad, cuando el reavivamiento en Brownsville ingresó en su etapa más caliente. No había tiempo para nada, porque nos reuníamos para servicios de reavivamiento seis noches a la semana, además de todas las actividades periódicas en la iglesia y los ensayos del ministerio musical.

Pasó casi un año, y lo único que habíamos logrado se remitía a un poco de pintura en algunas habitaciones, por lo que decidimos pedirle a una amiga nuestra, diseñadora de interiores, que se ocupara de la tarea. Cuando el proyecto estaba casi terminado, vimos que el comedor necesitaba cuadros, para que quedara más acogedor. Entonces recordé los cuadros que teníamos debajo de la cama.

"Amber, los cuadros que empacamos debajo de la cama... podríamos poner algunos aquí."

Tomamos unos doce cuadros y encontramos uno de la Última Cena, que tenía un marco sencillo y rústico. Nuestra diseñadora de interiores no paraba de elogiarlo: –"¡Es perfecto! ¡Los colores son perfectos, es excelente!"

–"¿De veras te gusta?"– le pregunté.

–"Es maravilloso"– dijo.

–"Bien, a mí también me gusta, y me alegra que te agrade –dije–. Solo que jamás tuve el tiempo o el dinero como para ponerle un buen marco. Estaba esperando el momento."

Nuestra amiga le llevó la pintura a su enmarcador, quien quedó tan encantado con la pintura que le dijo que nos ofreciera US$ 3.000 por ella, pero respondí que no la vendería.

La historia detrás de la historia

Pareciera que Amber y yo nos dedicamos a comprar pinturas originales y caras, pero no es así. Si descubre usted la historia detrás de la historia de este cuadro, realmente apreciará la misericordia de Dios en *su propia* vida.

Resulta que me gusta mucho el arte, por lo que cuando viajo a otros países busco piezas de arte originales en las tiendas de arte de cada lugar. A comienzos de la década del noventa –antes de casarme– viajé a Ucrania, en la antigua Unión Soviética, para ayudar en una gira del coro. Un amigo mío, que es un reconocido diseñador de interiores en el Medio Oeste, fue conmigo a una tienda de arte en una ciudad de dicho país, en uno de nuestros días libres. Elegimos algunas cosas, pero nada demasiado maravilloso.

Mientras esperábamos junto a la caja registradora para pagar por mis compras, noté una pintura enmarcada con tablas groseramente clavadas en las esquinas. La madera era áspera y parecía que si uno no era cuidadoso al tomar el cuadro, se clavaría astillas en los dedos.

Alguien había extendido el lienzo y había clavado burdamente las tablas para que enmarcaran la pintura. Pero lo que llamó mi atención era la pintura en sí. El pintor, en estilo levemente abstracto, había creado una muy buena representación de la Última Cena –aunque a primera vista no se divisara enseguida el tema–. Sentí que era una buena pieza artística.

Ya había regateado el precio de algunos objetos con el propietario de la tienda, y sabía que automáticamente supondría que los turistas estadounidenses tienen mucho dinero. El truco consistiría en no parecer demasiado interesado, porque si así resultaba, el precio del cuadro rápidamente aumentaría hasta lo extremadamente ridículo.

> DIOS NOS VE EN EL FUTURO, EN LO QUE ESTAMOS DESTINADOS A SER, NO COMO FUIMOS EN EL PASADO, NI COMO SOMOS EN EL PRESENTE.

Primero compré algunos objetos verdaderamente feos, por unos US$ 30, y luego me preguntó: – ¿Quiere algo más?" Entonces dije: – "Bueno, ¿qué hay de ese cuadrito de la Última Cena que tiene usted allí detrás?"

–"Oh, ese... es malo, no querrá usted comprarlo"– respondió.

–"Bien, lo sé. En verdad no sé si me interesa, pero ¿cuánto pide por él?"

Cuando dijo "doce dólares", lo compré y salí de la tienda con mi "mala" pintura. Ya en casa, guardé el cuadro en una caja, debajo de mi cama, junto a todos los otros cuadros que había comprado en tantos otros viajes.

Ahora, años más tarde, mi esposa y yo nos encontrábamos nuevamente con aquella pintura de doce dólares venida de Ucrania, guardada en una caja debajo de la cama. El enmarcador amigo de la diseñadora de interiores había visto la belleza de la pintura y nos ofrecía US$ 3.000 por ella, pero nos negamos a venderla.

La historia se pone cada vez mejor

Aquí no termina el cuento. Luego de que nuestra diseñadora de interiores mandara enmarcar el cuadro, lo llevó a su casa una tarde, antes de traérnoslo. Cuando su esposo lo vio, se enamoró de él y me ofreció US$ 5.000 por mi cuadrito de US$ 12.

¿Qué es lo que quiero decir? Años atrás, jamás se me habría ocurrido pensar que alguien me ofrecería esa suma de dinero por un cuadro de US$ 12. La verdad es que no compré el cuadro pensando en ganar dinero, porque se trataba de una pieza de arte; lo compré porque me gustaba.

Cuando el cuadro en su nuevo marco llegó a casa, Amber y yo lo llevamos de habitación en habitación, de pared a pared, buscábamos el lugar justo para hacer justicia a su belleza.

Como la obra de arte, debiera reconfortarle a usted la idea de que también en su caso, la obra de arte continúa en proceso de terminación. A veces puede usted sentir que ya ha llegado al lugar de exhibición, pero luego percibirá que las manos del Padre lo reacomodan, ajustan su ubicación de modo que mejor refleje sus propósitos y su gloria.

Esta es una clásica demostración del modo en que la misericordia de Dios funciona en nuestras vidas. Él no nos ve enmarcados en medio del lío de hoy. Nos ve enmarcados y exhibidos en el lugar justo. Nos ve en el futuro, en lo que estamos destinados a ser, no como fuimos en el pasado, ni como somos en el presente.

Estoy convencido de que Dios nos mira con tanta misericordia que ve lo que seremos cuando estemos perfectamente ubicados en su reino. Tendemos a luchar y hacernos problemas por muchas cosas en nuestras vidas, y a veces nos golpeamos con culpas y sentimientos de insignificancia y fracaso. Sí, somos culpables, insignificantes y propensos al fracaso *por propia cuenta*; pero Pablo dijo: *"A todo puedo hacerle frente, gracias a Cristo que me fortalece"* (Filipenses 4:13).

EXHÍBASE EN LA BRILLANTE LUZ DE LA GLORIA DE DIOS

Puede sentir como si jamás pudiera alcanzar ese lugar que Dios ve en usted, pero a los ojos de Dios, ya está usted allí. Él ya lo ha reenmarcado con la madera áspera de la cruz ensangrentada, y lo ha ubicado con cuidado en la habitación perfecta de su casa, lo ha colgado en el ángulo adecuado, con la luz brillante de la gloria que resplandece sobre su rostro. El reflejo es perfecto, para reflejar la gloria de Dios.

Aquel cuadro de doce dólares tenía que ser sacado de la tiendita, reenmarcado, llevado a otro país, guardado en una caja debajo de la cama durante varios años, antes de que pudiera llegar al lugar en que se exhibiera su belleza y se valorara su arte. El resultado final fue mucho mejor de lo que jamás podría haber imaginado.

En forma similar, Dios lo mira a usted y me mira a mí a través de sus ojos de misericordia, y nos ve exactamente en el lugar, el momento y el entorno correctos. Su misericordia nos ve, no como somos, sino como seremos. Él no se enfoca en nuestro marco rústico, a pesar de que conoce perfectamente su existencia. Enfoca su atención –por el contrario– en el valor que mostraremos luego de que Él nos pinte con su pincel de redención. Somos una obra de arte aún en proceso de terminación, creada para honrar y glorificar a nuestro creador.

Si las cosas parecen difíciles, o aún imposibles en este momento, recuerde que Dios a veces nos pone en lugares que consideramos desagradables, para hacernos más presentables y para que su gloria en nosotros pueda verse de acuerdo a los propósitos de su Reino. Después de todo, Él es el que tiene ojo para apreciar el arte eterno.

En las manos de Dios, los cambios presentan oportunidades ilimitadas para que su gloria se revele a través de sus hijos más rústicamente tallados. La clave reside en atravesar y resistir el proceso de maduración con fe y esperanzas en Aquel que nos amó tanto que dio a su único Hijo, para que pudiéramos vivir en su presencia por toda la eternidad (ver Juan 3:16).

CAPÍTULO 4

Emociones y fe

Inseparables por designio

Mire los "espejos de los medios de comunicación masiva" en nuestra sociedad. Como cristianos, usted y yo podemos aprender mucho acerca de nuestro aspecto exterior a los ojos del mundo no salvo. No se necesita ser un encuestador público, o un analista de estadísticas para ver cómo ven los medios y la industria del entretenimiento al cristianismo estadounidense.

Con una rigidez inamovible, aparecemos en la pantalla como maníacos emocionales y retraídos al borde de la paranoia, o como fenómenos severos y emocionalmente reprimidos, hipócritas de la vida moral que se afierran a la fe a causa del miedo.

De eso se trata nomás, a excepción de la rara ocasión en que se ve a los cristianos en "actos multitudinarios" donde se cazan brujas y se queman libros. Si no lo ha notado aún, en medio de las inexactitudes y arbitraria actitud de embarrar a los cristianos, los hacedores de imagen del mundo han detectado con exactitud una pared artificial que pareciera dividir al mundo cristiano en dos campos.

Un campo parece lanzarse de cabeza al emocionalismo religioso, como si fuese el cimiento de la fe. Y del otro lado, aparece la necesidad de evitar la emoción a cualquier precio, como si fuese la herramienta de perdición más efectiva con la que cuenta Satanás.

Esta bifurcación devocional hecha por el hombre, ha traído en consecuencia forzosa una desviación que Dios jamás autorizó ni apoyó. Es irracional pedirle a alguien que divida su respuesta emocional a Dios, de su fe en Él, y luego pedirle también que elija entre ambas. Podría pedirse del mismo modo a alguien que eligiese entre sus brazos o sus piernas, y que luego descartara las partes del cuerpo que ha identificado como poco importantes. Jamás nos pidió Dios que separáramos a la emoción del intelecto, y que eligiéramos una de las dos por sobre la otra. Nos creó para disfrutar de ambos aspectos en equilibro y unidad divinos.

Muchas personas critican a los que asisten a servicios de reavivamiento; dicen que son "las manchas solares" del mundo, y que "la fe no puede estar basada en la emoción". Obviamente, debemos recibir a Cristo por medio de la fe, y no por medio de las obras, pero el descartar o desalentar la respuesta emocional ante la presencia del Espíritu de Dios, equivale a ignorar la evidencia de las Escrituras.

DIOS ESTÁ LLENO DE EMOCIÓN, Y NO DESPROVISTO DE ELLA

Si las emociones son naturalmente malvadas, ¿no debiéramos también entonces quitar todo atisbo de "malvada" emoción de nuestros matrimonios? (¡Parece que muchas personas ya lo han hecho!)

De hecho, si las emociones son tan malas, ¿no debiéramos rescribir el Cantar de los Cantares de Salomón, y toda indicación de emoción existente en el Antiguo y el Nuevo Testamento también? Dios debe haberse equivocado, ¡porque la Biblia está repleta de referencias a lo emocional y emotivo!

El Señor describe su apasionado amor por la Iglesia mediante la alegoría del matrimonio: una esposa y un esposo en su boda. Ciertamente Dios no eligió la relación matrimonial porque no haya emoción allí, ¿verdad? ¿Cuántas veces hace Dios referencia a las emociones del amor y las relaciones, y a las del embarazo o el nacimiento y la crianza de los hijos?

Ningún estudioso de la Biblia podría afirmar que no hay emociones involucradas en el contenido de los Salmos, y en el Cantar de los Cantares de Salomón, ¡y sin embargo hay muchas personas que asisten o lideran iglesias donde las acciones y la adoración parecen indicar que Dios no implica la emoción!

¿Por qué se enojaría Dios cuando los hijos de Israel crearon y adoraban al becerro de oro? ¿Por qué querría un Dios desprovisto de emoción matar a los descendientes de Jacob a causa de su adoración de un ídolo? Lo siento pero, con todo respeto, ¿acaso la emoción tiene algún otro nombre?[1]

La diferencia entre Dios y el hombre es que Dios siempre demuestra su emoción en el lugar indicado, en el momento indicado y con la perspectiva indicada.

> LA DIFERENCIA ENTRE DIOS Y EL HOMBRE, ES QUE DIOS 'SIEMPRE MUESTRA EMOCIÓN EN EL LUGAR INDICADO, EN EL MOMENTO INDICADO Y CON LA PERSPECTIVA INDICADA.

Jesús demostró abiertamente sus emociones durante su ministerio, y aún después de haber vuelto desde los cielos. Ya conocemos la demostración de sus emociones de pena y dolor al pararse frente a la tumba de su amigo Lázaro. Está expresada en el versículo más corto de la Biblia: *"Y Jesús lloró"* (Juan 11:35).

El Evangelio de Juan registra una sorprendente historia acerca de la ira con justa causa, demostrada por Jesús, cuando encontró que el atrio del templo estaba repleto de tiendas y personas hambrientas de dinero:

> *Jesús fue a Jerusalén. Y encontró en el templo a los vendedores de novillos, ovejas y palomas, y a los que estaban sentados en los puestos donde se le cambiaba el dinero a la gente. Al verlo, Jesús tomó unas cuerdas, se hizo un látigo y los echó a todos del templo, junto con sus ovejas y sus novillos. A los que cambiaban dinero les arrojó las monedas al suelo y les volcó las mesas. A los vendedores de palomas les dijo:*
> *—¡Saquen esto de aquí! ¡No hagan un mercado de la casa de mi Padre!*
> *Entonces sus discípulos se acordaron de la escritura que dice: "Me consumirá el celo por tu casa"* (Juan 2:13-17).

Dios se involucra emocionalmente

Antes de su muerte y resurrección, Jesús dijo: *"Sí, yo soy. Y ustedes verán al Hijo del hombre <u>sentado</u> a la derecha del Todopoderoso"* (Marcos 14:62). Comparemos esto con el relato de Lucas sobre el día en que Esteban gritó mientras era martirizado a causa de Cristo: *"Entonces dijo: —¡Miren! Veo los cielos abiertos, y al Hijo del hombre <u>de pie</u> a la diestra de Dios"* (Hechos 7:56, LBLA).

Algunas personas se preguntan por qué Jesús les dijo a sus discípulos que lo verían *"sentado"* en los cielos, mientras Lucas cuenta que estaba *"de pie"*. Sabemos que no estaría de pie para poder ver mejor la ejecución. No, el Hijo de Dios estaba de pie porque se hallaba emocionalmente involucrado en la muerte de su amado santo Esteban. La Escritura dice: *"Mucho le cuesta al Señor ver morir a los que lo aman"* (Salmo 116:15).

El ser emotivo en la adoración y el servicio a Dios no significa que haya que llegar al extremo de tener un ataque, fuera de control. Se refiere a una respuesta física y espiritual en el alma humana, ante algo que sucede y es una respuesta natural ante la presencia de alguien. Personalmente, las Escrituras me hacen sentir convencido que es extra bíblico y aún antibíblico pedirnos que creamos que nuestra fe y adoración deban ser totalmente desprovistas de emoción.

La reacción de Dios era emocional, justificada y mortal

Jesucristo es el pionero de nuestra fe y nuestro modelo supremo de justicia ante Dios. Claramente *expresó emoción* a lo largo del Nuevo Testamento. Uno de los retratos más dramáticos aparece en la parábola del banquete de bodas, donde describió cómo la gente rechazaba la invitación del rey al pueblo para que asistieran a la boda de su hijo (ver Mateo 22:1-14).

El rey –obviamente una referencia a Dios Padre– se molestó luego de que todos pasaran por alto su invitación a la boda, y hubo algunos que hasta mataron a sus mensajeros –los profetas, y más tarde los mártires cristianos–. Su reacción fue emocional, justificada y mortal.

Entonces el rey se enojó mucho, ordenó a sus soldados que mataran a aquellos asesinos y quemaran su pueblo. Luego dijo a sus criados: El banquete está listo, pero aquellos invitados no merecían venir. Vayan, pues, ustedes a las calles principales, e inviten al banquete a todos los que encuentren" (Mateo 22:7-9).

Este no es el retrato de un individuo desprovisto de emoción, de ningún modo y, sin embargo, Jesucristo mismo relató esto en una parábola. Claramente estaba pintando el cuadro de la reacción de su Padre ante el rechazo humano de su Reino y de su Hijo. Solo nos es posible llegar a una conclusión: Dios posee la capacidad de sentir y demostrar emociones –nos guste o no–.

> **LOS SENTIMIENTOS DE LA EMOCIÓN SON UN PRODUCTO AGREGADO DE UNA RELACIÓN ÍNTIMA BASADA EN LA FE Y ALIMENTADA POR EL CONTACTO ACTIVO CON AQUEL A QUIEN AMAMOS.**

No, no digo que Dios es como nosotros. Todo lo contrario, nosotros somos como Él. De acuerdo a la Biblia, Dios dijo en el comienzo de toda creación: *"Ahora hagamos al hombre a nuestra imagen"* (Génesis 1:26).

La mayoría de quienes abogan por un cristianismo desprovisto de emoción están exagerando la contraparte de algo que es genuinamente incorrecto. Por otra parte, es un serio error vivir nuestras vidas corriendo de experiencia emocional en experiencia emocional. Los sentimientos de la emoción son un *producto agregado* de una relación íntima basada en la fe y alimentada por el contacto activo con Aquel a quien amamos.

En otras palabras, se encuentra usted en terreno peligroso si piensa: "Bien, no sentí a Dios del mismo modo en que lo sentía la semana pasada, por lo que Él no ha de estar cerca de mí ahora".

La prédica nos ha quitado la emoción

Esto sí sucede, aunque no debiera, pero nuestro problema más serio está del otro lado de la escala. Me parece que la iglesia estadounidense en su conjunto, ha luchado por vencer a los "peligros" de la emoción, desde hace ya varias generaciones. Durante cientos de años, los predicadores nos han ido quitando la emoción. Cantidad de creyentes que asisten a la iglesia, durante muchas generaciones, han sido enseñados de a poco a decir y pensar: "Si no podemos explicarlo, entonces no puede tratarse de Dios". Todo estudio serio de las Escrituras debiera impulsarnos a preguntar: "¿Desde cuándo?"

Nadie puede realmente explicar por qué el escuadrón de duros soldados romanos que hacían guardia junto a la tumba de Jesús *"temblaron de miedo y quedaron como muertos"* (Mateo 28:4). Todo lo que vieron fue un ángel que hizo rodar la piedra de la entrada, luego de la resurrección del Señor, pero estos hombres temblaron de tal manera que se desmayaron (ver Mateo 27:45-28:15). Tenemos teorías y libros llenos de posibles explicaciones, pero nadie puede confirmar en realidad los *hechos* que motivaron esa conducta. Sin embargo, sabemos que sucedió y que solo el poder sobrenatural de Dios puede explicar este incidente.

En última instancia, la Palabra de Dios contiene muchas referencias respecto de Dios, mostrando o motivando la emoción en los corazones de los hombres. Dios nos dice en el libro de Oseas cuánto amaba a los israelitas, y en otros pasajes nos dice que Él evaluaba la alternativa de *matarlos* a causa de sus terribles pecados, por su amor por los dioses paganos y por su rechazo de la rectitud y el amor de Dios. Dios habló de desnudarlos frente a las naciones, para que todos pudieran ver su vergüenza, como la de una esposa infiel. En la antigüedad, este habría sido un castigo común en el Oriente Medio en los casos de esposas adúlteras.

¿Parece este un Dios políticamente correcto y completamente desprovisto de toda emoción? No lo creo.

LAS EMOCIONES NO SON SOLO "ESCALOFRÍOS DEL ESPÍRITU SANTO"

Demasiado tiempo dedicamos a predicar en contra de la emoción, intentando contrarrestar los excesos de aquellas personas a quienes consideramos emocionalmente necesitadas. Crecí en una tradición de iglesia en la que era común que algunas personas sintieran que no habían aprovechado el servicio si no les había producido "escalofríos del Espíritu Santo", o si no habían llorado durante el culto.

La Biblia provee el equilibrio de Dios para todo extremo. Pablo declaró que *"vivimos sostenidos por la fe"* (2 Corintios 5:7). Independientemente de cómo nos sentimos en un momento dado, andamos en la seguridad de saber que hemos sido redimidos por la sangre del Cordero. Las vidas de los apóstoles nos dan prueba de esta verdad:

> *Hermanos, queremos que sepan cuántas dificultades tuvimos en la provincia de Asia. Fue una prueba tan dura que ya no podíamos resistir más, y hasta perdimos la esperanza de salir con vida. Nos sentíamos como condenados a muerte. Pero esto sirvió para enseñarnos a no confiar en nosotros mismos, sino en Dios, que resucita a los muertos* (2 Corintios 1:8-9).

¿Cómo equilibramos la necesidad de andar por la fe, con el hecho de que Dios mismo demuestra emoción libremente? Al no *buscar experiencias emocionales, sino a Dios*. Las respuestas emocionales que siguen deberán ser recibidas como lo que son, y demostradas abiertamente.

¡No puede usted evitar ser emocional!

Cuando se acerca uno a Dios en íntima entrega, en santidad y obediencia, algo nos *sucede*. Cuando bajamos todas nuestras barreras y Él nos muestra todos nuestros pecados y fallas –y sigue amándonos más de lo que jamás podríamos expresar– ¡nuestra adoración y sentimientos hacia Él *serán* emocionales! No puede uno contenerse.

La mayoría de nosotros experimenta –o debiera experimentar– un sentimiento de emoción cuando pensamos en nuestros padres o en nuestros cónyuges. ¿Por qué entonces no sentir emoción cuando pensamos en Aquél que dio su propia vida para librarnos del pecado y la oscuridad?

Dios nos habla constantemente a través de las cosas simples de la vida, en aquellos lugares, sucesos y circunstancias en los que su amor por nosotros se ve. Si todo lo que Él hace tiene un propósito, entonces ¡hasta las cosas más mundanas de la vida tienen el potencial de revelarnos el amor de Dios por nosotros, con un impacto de humildad sobre nuestras emociones!

Por ejemplo, he aprendido que Dios no me hizo hombre solo para que pudiera casarme con una mujer y tener hijos. Estoy convencido de que me hizo hombre porque como hombre, Él sabía que me casaría con una mujer, y que al casarme

> CUANDO BAJAMOS TODAS NUESTRAS BARRERAS, Y DIOS NOS MUESTRA TODOS NUESTROS PECADOS Y FALLAS –Y SIGUE AMÁNDONOS MÁS DE LO QUE JAMÁS PODRÍAMOS EXPRESAR– ¡NUESTRA ADORACIÓN Y SENTIMIENTOS HACIA ÉL SERÁN EMOCIONALES!

con esa mujer aprendería a tratarlo a Él. El modo en que trato a mi esposa es probablemente el mismo en que trato a mi Padre Celestial. Si la ignoro a ella, probablemente lo ignore a Dios. Y si doy atenciones a mi esposa, casi seguramente actuaré del mismo modo con respecto a Dios.

Dios no me dio la capacidad de procrear meramente para proveerme de descendencia. Quiso que yo comprendiera lo que se siente al ser padre, y experimentara en mínima medida el dolor emocional que sintió mi Padre Celestial cuando entregó a su único Hijo para que muriera en la cruz.

Es evidente que mis experiencias de paternidad me ayudan a comprender cuán profundo es el amor que Dios siente por mí, y el dolor que este amor le causó al Padre al ver el sufrimiento y la muerte de su Hijo. Dios nos enseña y nos habla de muchos modos, pero sé que *mi* comprensión sobre la cruz cambió drásticamente a partir del día en que nació mi primer hijo.

EL SENTIDO DE LA EMOCIÓN APASIONADA

Solían desagradarme las bodas... hasta el día en que contraje matrimonio. Cuando la gente me pedía que tocara o cantara para su boda, solía responder: "Bien, te costará US$ 500" Suena poco razonable, ¿verdad? Pero ese era el punto: no quería hacerlo. Prefería tocar en un funeral y no en una boda.

Luego llegó el día en que, en medio de los preparativos para mi propia boda, se encendió una luz dentro de mí. Pensé: "Si Amber va a comprar un vestido y a hacer todo este esfuerzo para estar aún más hermosa a mis ojos, entonces yo haré lo mismo. Solo será una vez en la vida, así que ¿por qué no?"

Una vez tomada la decisión, comencé a prepararme *realmente* para mi boda. El primer paso fue la elección del traje de gala.

Decidí que no querría uno de alquiler, estaba decidido a *comprarlo*. Fui a Saks, en la Quinta Avenida, y compré el mejor traje de gala que pude encontrar. Luego compré zapatos y una camisa, y hasta una corbata especial para la ocasión. Invertí casi US$ 2.000 en vestimenta para ese único día, pero *tenía un motivo*.

Cuando comencé a participar personalmente del proceso de preparación para la boda, vi en primer plano y de primera mano cuánto estaba invirtiendo en este día de la boda la mujer que yo amaba. Aún así, nada me preparó para el momento en que me hallaba parado junto al altar y vi abrirse las puertas de la iglesia. ¡Jamás olvidaré cómo se veía el hermoso rostro resplandeciente de mi novia, envuelto en la gloria de su inmaculado vestido blanco!

El encuentro de una pasión por las Escrituras

En solo una fracción de segundo, tuve un nuevo entendimiento, una nueva apreciación por lo apasionado de ciertos pasajes en las Escrituras que describen las emociones y el ardiente amor que existe entre los esposos recién casados (ver el Cantar de los Cantares).

La mayoría de los maestros y estudiosos de la Biblia dirían que la Iglesia de Jesucristo –su esposa– y Jesús –el Esposo– están aún en la etapa de cortejo de la relación; y aunque el cortejo sí existe, no habrá consumación hasta la venida del Señor. Nos espera algo aún mejor de lo que tenemos.

Parte de la desesperación que sentimos en nuestras emociones tiene raíz en el hecho de que no podemos en verdad ser uno mismo con nuestro Señor hasta su venida, de acuerdo a las Escrituras. Es frustrante, pero forma parte de nuestra relación amorosa divinamente orquestada con el Rey de reyes y Señor de señores.

Dios debe haber tenido una muy buena razón para elegir el amor extremadamente apasionado entre nuevos esposos para referirse a su relación con la Iglesia. Me pregunto cuántos predicadores padres y creyentes pudorosos habrán pensado alguna vez que sería mejor que el Cantar de los Cantares fuera excluido del canon de las Escrituras. Yo solía espiar el Cantar de los Cantares en la iglesia, cuando era adolescente. Supongo que era lo más cercano a la pornografía que podíamos leer quienes éramos criados en "santidad".

No me considero enemigo de los que abogan en contra de las emociones en la vida cristiana. Veo el motivo de su preocupación. Fui educado en una tradición en la que los extremos emocionales eran un beneficio esperado dentro de las reuniones de la iglesia. Y personalmente, yo *buscaba* ese extremo emocional de tanto en tanto, y no sentía que Dios estaba conmigo, a menos que pudiera sentirlo cerca.

Hoy, sin embargo, estoy convencido de que Dios nos envía la solución al problema, cuando nos ordena en las Escrituras, presentarnos aprobados ante Él (ver 2 Timoteo 2:15).

El compromiso apasionado en una relación

Ciertas cosas –las más fundamentales– están claramente supuestas en el Nuevo Testamento. ¿Alguna vez se ha preguntado por qué no se menciona la música en el Nuevo Testamento? ¡Estoy convencido de que los escritores del primer siglo y el Espíritu Santo también, esperaban que entendiésemos de las citas de Jesús tomadas de los escritos de David, que el corazón de la adoración en el libro de los Salmos y los Profetas, nos llega hasta nosotros hoy!

El Nuevo Testamento es el cumplimiento del Antiguo Testamento, por lo que una y otra vez se citan las antiguas profecías para mostrar su cumplimiento en la era del Mesías, con la excepción de aquellas cosas tan obvias que no necesitan ser repetidas.

Este principio seguramente se aplica a los aspectos emocionales de la vida cristiana. Dada la apasionada vida de Pablo y su ferviente dedicación a las cosas de Dios, sabemos que sus escritos no han sido creados con el objeto de quitar la emoción de nuestra relación con el Señor. Se *presupone* que el compromiso apasionado ya está allí. Pablo fue capacitado formalmente para ser rabino y estudioso de la tradición judía farisea. Esto significa que comprendía exactamente qué tipo de devoción espera Dios de nosotros, de acuerdo al más grande de los mandamientos:

> *Oye Israel: el Señor nuestro Dios es el único Señor.*
> *Ama al Señor tu Dios con <u>todo tu corazón, con toda tu alma y con todas tus fuerzas</u>* (Deuteronomio 6:4-5).

No hay indicio alguno de represión, decoro o autocontrol en este mandamiento divino. Pide amor total, absoluto, irrestricto a Dios. Toda recomendación de modificación, condición o restricción corresponde a ideas humanas –¡y podemos suponer que no son apreciadas especialmente por nuestro Dios todopoderoso!–.

Como somos humanos, a menudo tropezamos con nuestro orgullo cuando acumulamos conocimientos humanos en algún tema en particular. Incluso la Biblia nos advierte:

> *<u>El conocimiento hincha de orgullo,</u> en tanto que el amor edifica la comunidad. Si alguien cree que conoce algo, todavía no lo conoce como lo debe conocer. Pero si alguien ama a Dios, Dios lo conoce a él* (1 Corintios 8:1-3).

Sin embargo, cuando la pasión entra en escena pasamos por cambios curiosos. Un hombre que está apasionadamente enamorado de una mujer, actúa de modo apasionado, sin importar cuántos títulos universitarios tenga colgados en la pared de su oficina. No importa si este hombre alcanzado por la flecha del amor es un graduado de Harvard o un analfabeto: es *apasionado* con respecto a su amada. El conocimiento y la educación no tienen por qué extinguir la pasión. Si se siente apasionado por una mujer, la desea a *ella* – entera– y es lo único que quiere. Quiere más que una mera relación sexual; desea vivir una verdadera intimidad con ella. Quiere ser uno con ella, en cuerpo, alma y espíritu.

"VALES LA PENA, SIMPLEMENTE PORQUE ERES DIOS"

Algunas personas hablan y actúan como si seguir a Dios o expresar hambre de Dios fuese algo que hacen quienes son altamente emotivos o cristianos extremos. En verdad, cuanto más aprendemos acerca del Señor, tanto más debiéramos amarlo.

Sin embargo, hay otro grupo que suele volcarse al otro extremo, y ve la adoración como si fuese una máquina tragamonedas espiritual, o como una piñata espiritual. "Bien, sabemos que Él está allí, en algún lugar. Entonces tomemos un palo de 'emoción' y vayamos blandiéndolo con energía hasta que lo golpeemos. Entonces la gloria caerá sobre nosotros". Disculpe usted, pero el Dios de la Biblia no parece funcionar de ese modo.

Lo que sabemos, es que usted y yo hemos sido llamados y ungidos para adorar a Dios, nada más. Debemos dejar de hablar tanto *acerca* de Él, o acerca de las cosas que Él *hará por nosotros*, para pasar más tiempo hablando *con* Él. En lugar de cantar *acerca* de Él, ¿por qué no intentamos cantarle *directamente a Él*?

Estoy convencido de que los cielos se abrirán cuando decidamos finalmente dejar de orar por un tema, mientras lamentamos el hecho de que nuestras oraciones no son respondidas. Debemos ir directamente a la fuente, y decirle:

"Si me matas, confiaré en ti. Si no contestas alguna de mis oraciones, seguiré amándote de todos modos, porque he sido llamado a ti, Señor. Te pertenezco. He sido comprado a un precio, y eres tú mi Redentor. Tanto si haces algo por mí, como si no lo haces, sigues siendo Dios, y sigues valiendo la pena, simplemente porque eres Dios".

Siento que sucederán cosas fantásticas en nuestra nación y en el mundo si podemos ayudar al pueblo de Dios a captar estas verdades. Esto es, cuando la adoración verdadera e incondicional comienza a fluir hacia Dios.

¿Está usted convencido –como lo estoy yo– de que Dios está cansado de ver que se inician guerras en su nombre? Está harto de vernos luchar en el barro de la legalidad inspirada en el nombre de la religión, y odia ver que lastimamos a otros en su nombre.

Dios quiere mostrarse personalmente en su presencia manifiesta, y decir: "Hablaré ahora por mí mismo. Esto es lo que quiero, y para esto envié a mi Hijo, para librarlos del pecado y de la muerte. Solo quiero que alguien me adore. He buscado quien me adore. Si ustedes me adoran, abriré los cielos".

Quizá haya usted experimentado una dádiva o una visita genuina de Dios en algún momento temprano de su vida. En tal caso, ¿atesoró usted lo que Dios hizo en su juventud, como algo precioso? Muchos de nosotros tenemos la tendencia a no tomar estas dádivas en cuenta, o a convencernos de que se ha tratado de un mito de la infancia, y pasamos hacia la siguiente cosa, con un agujero en nuestros corazones.

Aún hay tiempo de decir sí a Dios

Esta es la estación de la recuperación y restauración del sueño de Dios en su vida. Hay un refrán, que dice: Mientras hay vida, hay esperanza. En este proverbio popular hay una verdad eterna, porque mientras respiremos estaremos a tiempo de decir que sí a Dios, y daremos vida al sueño imposible que Él plantó en nosotros hace ya mucho.

Deje de lado sus objeciones y sus temores, al menos durante el tiempo suficiente como para adorar a Dios. Libere sus emociones y su intelecto en presencia de Dios, y reclame la libertad que sentía cuando era un niño. Dios se la devolverá, después de haberla tocado, encenderá de nuevo la maravilla de su presencia. Lo reunirá con aquello que jamás debiera haberse separado de usted.

En su presencia experimentará la boda de sus emociones y su fe, porque son inseparables por designio, y poderosas en el reino del Espíritu.

CAPÍTULO 5

Cuando el "alma de hombre" pisa el freno

En búsqueda de la liberación del síndrome del "querer ser"

Hay una enfermedad común, aunque raramente diagnosticada, que aqueja a los hombres entre los veinticinco y los cincuenta y cinco años, aproximadamente: el síndrome del querer ser. Los síntomas incluyen la presencia de agendas personales rígidamente establecidas, junto a un deseo sobrecogedor de lograr la aprobación de sus pares.

John Kilpatrick, pastor de la Iglesia de la Asamblea de Dios en Brownsville, Pensacola, Florida, estaba seguro de que Dios le había dicho que yo pertenecía a ese lugar, pero a decir verdad sentía yo ciertas dudas al respecto. El síndrome del querer ser que aquejaba mi alma era el culpable de al menos una parte de mis problemas.

El Señor realmente había comenzado una tarea maravillosa en mi corazón, pero yo aún deseaba que se me reconociera por mis dones ministeriales. Dios deseaba transportarme al secreto lugar del gozo; pero mi "alma de hombre", seguía pisando el freno con pensamientos demasiado egoístas –la honestidad y la confesión son buenas para el alma–.

Sentía yo que las personas respetarían lo que les decía porque, después de todo, había hecho yo mi tarea y pagado mi derecho de piso en la escuela de la vida como ministro, músico y productor discográfico.

Puedo predicar tan bien como cualquier evangelista invitado, razonaba para mis adentros al comienzo. Entonces, *¿por qué no me permiten predicar en los servicios de reavivamiento?* Secretamente me preguntaba por qué sí podían otros aparecer bajo las luminarias, mientras a mí se me negaba esto, cuando el reavivamiento se había iniciado en Pensacola, Florida. ¿Por qué me veían solo como pianista? Como escribí anteriormente, en *Un toque de gloria*:

"Estaba mal, pero sentía yo que estos hombres devotos estaban invadiendo mi territorio. Los músicos parecemos tener un antiguo vínculo con Lucifer, el primer líder rebelde, porque tenemos un orgullo que nunca se satisface del todo. Celosamente guardamos lo que es "nuestro", y luego nos preguntamos por qué no tenemos aquello que sí tiene el pastor o el evangelista. Dios estaría utilizándome con buen propósito durante la adoración, pero luego, este "viejo feo" saldría a la luz".[1]

Como Dios no hace diferencia entre las personas, no iba a dejar que me saliera yo con la mía, que siguiera con esta actitud (ver Hechos 10:34). El Espíritu Santo comenzó a trabajar en mí, horas extras, y toda mi basura comenzó a salir a la superficie. ¿Tengo todavía problemas con mis malas actitudes? Esto equivaldría a preguntar: ¿Estoy vivo aún? Por supuesto, y sigo luchando contra las actitudes equivocadas que tomo, de tanto en tanto, pero agradezco a Dios que me haya traído hasta este punto en el camino de mi vida.

SIGA LIDERANDO A PESAR DE LOS DESAFÍOS

Hace poco alguien me preguntó algo que se convirtió en el mayor elogio que haya recibido yo hasta ahora. Me preguntaron: "Lindell, sé que has pasado por momentos y situaciones difíciles en el pasado, que te sentías malo o que luchabas con el desaliento surgido de alguna cuestión. ¿Cómo podías liderar el servicio de adoración, noche tras noche, a pesar de esos desafíos?"

Aseguré a esa persona que no había sido por ser un superhombre. Había podido hacerlo porque sé que si puedo quitar el foco de mis pensamientos de mi propia persona y pensar en cambio, en lo bueno que es Dios, entonces quizá, puedo entrar en presencia del Señor.

> HE DESCUBIERTO QUE DIOS NO PUEDE EVITAR BENDECIRNOS CUANDO NOSOTROS LO BENDECIMOS A ÉL. ESTA ES SU NATURALEZA.

En ese punto sucede una de dos cosas posibles: o mi actitud cambia tan solo porque he dejado de pensar en mí mismo, o Dios *soluciona el problema* porque le he dado algo que a Él tanto le agrada: alabanza y adoración. He descubierto que Él no puede evitar bendecirnos cuando nosotros lo bendecimos a Él. Esta es su naturaleza. Cuando dejo de pensar en mí mismo y enfoco mi adoración sobre Dios, Él arreglará el problema o me arreglará a mí. La clave reside en entrar en la presencia de Dios. Su presencia es nuestro secreto lugar de gozo y la clave a la vida abundante en todo lugar, toda estación y toda circunstancia.

David el salmista declaró su confianza: *"Me mostrarás el camino de la vida. Hay gran alegría en tu presencia; hay dicha eterna junto a ti"* (Salmo 16:11). ¡Y esto, dicho por un hombre cuya vida transcurrió en gran parte dentro de una cueva!

El joven pastor de ovejas, no era un "quiero ser"

Este joven David, que escribió estas palabras, participó en lo que es quizá la competencia desigual más famosa en el mundo entero. Había gran diferencia entre el joven David –pastor de ovejas– y los miles de fuertes soldados israelitas que no se animaron a desafiar y pelear al gigante Goliat. Estoy convencido de que David era el único que no padecía el síndrome del "querer ser".

Básicamente, todos los hombres del equipo israelita asistían a la sinagoga y de palabra adoraban al mismo Dios a quien David servía. Mucho de ellos pertenecían a la tribu de David, y virtualmente *todos* eran mayores y más fuertes que este, al tiempo de tener también mejores armas y entrenamiento como para sobrevivir si atacaban al gigante.

¿Por qué fue David el que se atrevió? La íntima *relación de adoración* de David con Dios, exigía que desafiara el blasfemo orgullo de Goliat. La intimidad nacida de la adoración y comunión en el secreto lugar con Dios, dio lugar a la fe y la pasión que impulsaron a David hacia el centro del conflicto público y la crisis nacional. Para

David, la aprobación del público no era importante, porque si lo hubiera sido, jamás se habría atrevido a pelear contra Goliat. De hecho, nadie aprobó su decisión cuando la comunicó a los demás. David no *pensó, ni meditó ni oró* por sus acciones aquel día. Simplemente actuó desde el corazón. Ya se había preparado antes, en la intimidad de su adoración incondicional mientras cuidaba las ovejas de su padre en las colinas de Judea. Así es que cuando llegó el momento, públicamente se plantó del lado de Dios. Fue un reflejo natural, nacido de la posición de su voluntad y vocación sobrenatural. Se negó a quedarse mirando cómo el mal se envalentonaba y despreciaba al Dios de Israel. La pasión y la valentía ocultas de David salieron a la luz del día cuando llegó la necesidad y la oportunidad.

Este guerrero tan fuera de lo común, no tuvo oportunidad de dar su opinión frente a la decisión de su padre de enviarlo al frente de batalla, con comida para sus hermanos mayores. Ese era el dominio de Dios. David tampoco tenía control sobre las acciones de Goliat.

No puso su vida en suspenso

David fue simplemente un hombre de Dios, lanzado en medio de los asuntos de los hombres, mediante un plan divino. No puso su vida en suspenso, con angustia por la mística voluntad de Dios respecto de su vida. Las Escrituras jamás implican que David hubiera soñado o esperado ser rey. Lo único que sabía era una cosa: que había nacido para alabar y adorar a Dios.

La voluntad de Dios respecto de David jamás cambió; simplemente agregó nuevas ramas a la raíz y al tronco del núcleo de la vocación de David como seguidor y adorador de Dios.

¿No deberíamos entonces orar por poderes sobrenaturales, por la sanación, por los milagros, por las naciones? Sí, claro que se espera que pidamos por todas estas cosas en el momento y la estación que correspondan. El pedir, es parte del privilegio cristiano de la oración, pero primero debemos adorar a Dios.

Se produce un intercambio sagrado cuando uno se acerca a Dios y dice:

> Querido Señor, estoy aquí para adorarte. Muéstrame cómo puedo adorarte y agradarte más. ¿Qué podría susurrarte al oído que estés esperando oír? ¡Déjame comenzar por decirte que sé cuánto te amo!

Solo podemos comenzar a orar su voluntad cuando hemos dejado de lado nuestra propia voluntad. Además, solo podemos vivir la vida a su máximo potencial cuando buscamos la voluntad de Dios y no ponemos en suspenso nuestra vida, en espera por aquello que pensamos debería suceder.

DEJE DE LADO SU AGENDA Y ALCE LAS MANOS

Hay personas que no ven la respuesta a sus oraciones porque tienen una agenda, un ángulo o motivo personal que no es necesariamente de Dios, o de su Palabra. Si quiere usted adorar a Dios *"en espíritu y en verdad"* (Juan 4:24), entonces deberá dejar de lado su agenda, sus prioridades y alzar sus manos hacia Él en entrega total y adoración incondicional. Acérquese a Dios en completa transparencia, con un solo objetivo: bendecir a Dios. Esta es la esencia de la verdadera adoración.

Comience a los pies de Dios, con corazón humilde y arrepentido. Vuelque su corazón a Él y exprese su anhelo y hambre por su presencia. Ofrézcale el amor que hay en su corazón y permítale que le muestre aquello que está más cerca del corazón de Dios. Ore por aquello que el Espíritu Santo le indica, mientras Dios hace que la agenda y las prioridades del Padre, se conviertan en la agenda y las prioridades suyas.

Finalmente, su Padre Celestial se deleitará al responder a las necesidades que usted tenga, ¡nadie puede bendecirlo como Él!

¿Qué sucede en la Navidad, cuando alguien le da un regalo realmente especial? Hablo sobre un regalo que haya requerido un esfuerzo o un pensamiento especial. ¿Cuál es su primera reacción? Naturalmente, quiere usted retribuir la bendición, ¿verdad?

¿De dónde cree usted que viene esta idea? De la Biblia, que dice que fuimos creados a imagen de Dios, y que Él es el primer y último dador.

Desdichadamente, no seguimos este patrón de conducta cuando recibimos los dones divinos de la misericordia, la gracia y la vida eterna. ¿Cuántos de nosotros pensamos lo suficiente en la alabanza? Seamos honestos, y veremos que utilizamos por lo general las mismas palabras, una y otra vez.

Cuando dejamos de lado nuestros compromisos de horarios y nuestra lista de prioridades, ¿le damos a Dios el regalo de una alabanza vacía, hueca, envuelta en formas desapasionadas y trilladas? ¿Cuántos de nosotros intentamos crear un nuevo vocabulario de amor para el Señor? ¿Es esto el reflejo de cuán importante es Dios para nosotros?

A Dios le damos lo que sea más fácil y rápido

Los regalos que Dios nos da son siempre de una belleza indescriptible, de gran valor y gloria. No quiero referirme ahora a ellos, sino a los regalos que nosotros le ofrecemos a Dios. En verdad, la alabanza y la adoración que por lo general ofrecemos a Dios distan mucho de ser exquisitas. Cuando por fin recordamos prestarle atención, mucho me temo que tendemos a ofrecerle lo que sea más fácil y rápido.

En los Salmos encontramos a David y a otros escritores constantemente en búsqueda de nuevos y mejores modos de describir la belleza, la magnitud, la gloria, el esplendor, el amor, la misericordia, la gracia y la maravilla del Dios todopoderoso.

Los inconvenientes de traducir los textos antiguos del hebreo y el arameo a otros idiomas han hecho que no hubiera escritor alguno –antiguo o moderno– que haya podido igualar la prosa de adoración creada por David. Uno de sus competidores más cercanos, William Shakespeare, tomó prestados pasajes de los salmos y otras partes de la Biblia.

David estaba tan decidido a ofrecer a Dios algo precioso y exquisito, que llegó a crear nuevos instrumentos para poder expresar lo que sentía por el Dios de su salvación (ver 1 Crónicas 23:5).

No me considero poeta, pero sí me siento poético a veces, cuando pienso en las innumerables maravillas de mi Salvador. Estoy decidido a ir más allá de mis limitaciones comunicacionales, porque deseo ser más expresivo en mi alabanza y adoración a Dios. ¡Estoy convencido de que a Dios le agradan mis esfuerzos por producir algo que jamás le haya dicho antes!

Y en esencia, cuando damos es cuando mejor estamos. No demos para recibir, sino demos para dar, porque somos mejores al dar. ¿Qué hizo que la tragedia del 11 de septiembre fuese tan maravillosa en medio del dolor y la indescriptible pena? Fue esa imagen de los bomberos de Nueva York, de las fuerzas de Defensa Civil, de los policías, de los propietarios de las tiendas, de los cocineros de los restaurantes... todos los que dejaron de lado la rutina de sus vidas, para dar a otros.

El estereotipo de una Ciudad de Nueva York "ruda y sin corazón", cambió para siempre el 11 de septiembre, porque sus ciudadanos dieron. Miles de neoyorquinos dejaron de hacer lo que estaban haciendo, e invirtieron sus corazones, su tiempo y su dinero para proveer de comida, ropa y consuelo a quienes sufrían. Cientos de trabajadores de rescate dieron sus vidas al intentar salvar víctimas, y su desinteresado ejemplo inspiró a muchos a lo ancho y a lo largo de la nación, a dar sin esperar algo a cambio.

ADORE PRIMERO Y PIDA DESPUÉS

Dar está en el corazón de la vida devota y la verdadera adoración. Jesús indicó a sus discípulos que comenzaran sus oraciones dando al Padre alabanza y adoración: *"Ustedes deben orar así: 'Padre nuestro que están en el cielo, santificado sea tu nombre. Venga tu reino. Hágase tu voluntad en la tierra, así como se hace en el cielo"* (Mateo 6:9-10),

Deberíamos siempre honrar, alabar y santificar el nombre de nuestro Padre Celestial, y adorarlo *antes* de pedirle por nuestras necesidades diarias. Adore primero, pida después.

Nuestro primer amor

¿Pero dónde y en qué momento cambian las cosas después de que descubrimos el amor de Dios por primera vez? Muchos perdemos al parecer, aquello que Jesús llama nuestro *"primer amor"* (Apocalipsis 2:4), un amor apasionado con el que amamos a Dios celosamente y con fervor. Dios considera a esta pasión lo suficientemente importante como para incluirla en sus advertencias a las iglesias, en el libro del Apocalipsis.

Quizá perdemos el rastro de las cosas más importantes de la vida, porque nos volvemos obsesivos respecto de otras cosas que hay a lo largo del camino. He oído decir: "Entre los 20 y los 30 años, intentamos dilucidar qué es lo que haremos en el futuro. Entre los 30 y los 40, invertimos nuestro tiempo en demostrar que podemos hacerlo, y luego, entre los 40 y los 50, pasamos el tiempo haciéndolo. Finalmente, entre los 50 y los 60, nos damos cuenta de que en realidad, no tenía tanta importancia".

Esta actitud pareciera ser terriblemente pesimista, pero he notado que muchos jóvenes parecen desviarse luego de entrar en la zona que yo llamo "buscando la voluntad de Dios". Comienzan a tropezar luego de que Satanás o las personas a su alrededor les susurran: "La vida te pasará por delante si no encuentras tu lugar, o tu puesto en el mundo, inmediatamente". Haga lo que hiciere, no escuche lo que le dicen estas voces.

VENZA EL ACUCIANTE TEMOR DE FALLAR

LA MAYORÍA DE NOSOTROS QUEREMOS ENCONTRAR LA ACEPTACIÓN Y LA REALIZACIÓN DE LO QUE SOMOS Y LO QUE HACEMOS, PERO TAMBIÉN DEBEMOS ENFRENTARNOS CON EL ACUCIANTE TEMOR DE QUE DE ALGÚN MODO PODREMOS FALLAR EN ALGO VITAL PARA NUESTRAS VIDAS

La mayoría de nosotros queremos encontrar la aceptación y la realización de lo que somos y lo que hacemos, pero también debemos enfrentarnos con el acuciante temor de que de algún modo podremos fallar en algo vital para nuestras vidas. Este temor nos hace actuar siempre a la defensiva, sin poder nunca relajarnos o estar cómodos con lo que hacemos o con lo que somos.

Cuando recibimos y creemos en la mentira, nos lanzamos en una continua búsqueda por la experiencia eufórica que siempre parece eludirnos.

Estoy convencido de que esta no existe, en un sentido tan amplio y no bíblico.

Dios nunca tuvo la intención de que usted entrara en este continuo e interminable carrusel de infelicidad. Le causa a usted un estado continuo de insatisfacción que puede quitarle hasta el menor gozo y contento. Se pasará la vida preguntándose si el pasto es más verde del otro lado, siempre.

"La voluntad de Dios" se ha convertido en una frase trillada en los círculos cristianos modernos. La mayoría de quienes dicen que buscan la voluntad de Dios, en verdad están diciendo: "Me siento insatisfecho". Y conozco a algunas personas que han estado "buscando la voluntad de Dios" desde siempre.

Cuando su alma le pide que se detenga

En mi experiencia, las formas extremas de la búsqueda de la guía divina, por lo general tienen un efecto paralizante en los cristianos. Todo movimiento hacia adelante parece detenerse cuando "el alma de hombre pisa el freno", con el propósito de "buscar la voluntad de Dios".

El alma –la mente, la voluntad y las emociones– no son necesariamente conocidas por su capacidad o disposición de reconocer y seguir la voluntad de Dios. De hecho, el alma humana tiene una triste tendencia a dejar pasar el espíritu y erigir un trono sustituto para su propio reino, basado en los más inmediatos deseos, lujurias y necesidades humanas.

¿Debemos pedirle a Dios que nos dé dirección y deseos divinos? ¡Por supuesto! Sin embargo, la diferencia radica en que debemos hacerlo *al modo de Dios*. ¿Y cuál es el modo de Dios? ¿Qué dice Él al respecto?

¿Cómo podrá el joven llevar una vida limpia? ¡Viviendo de acuerdo con tu palabra! <u>Yo te busco de todo corazón; no dejes que me aparte de tus mandamientos</u>. He guardado tus palabras en mi corazón <u>para no pecar contra ti</u> (Salmo 119:9-11).

Pero algunos complicamos esta simple indicación, pues ponemos nuestras vidas en suspenso durante meses o años, mientras esperamos que Dios nos dicte la Biblia directamente, de modo profético y con nuestros nombres insertados en cada versículo.

Su alma deberá perdurar lo que llevaría vivir mil vidas

Dios nos dio las sagradas Escrituras por una cantidad de buenas razones. Él espera que las leamos, que creamos en ellas, que las meditemos y actuemos según lo que nos dicen. ¡Hay suficiente cantidad de indicaciones divinas en el Libro de Dios como para mantenernos ocupados durante mil vidas!

Nos dio también sabios líderes y mentores a quienes podemos decir aquello que sentimos que Dios nos ha dicho o revelado. Uno de los regalos más valiosos que Dios nos ha dado es el consejo y la guía del cristiano devoto, enraizado en las Escrituras y que es guiado por el Espíritu Santo.

¡Estos sabios consejos, a lo largo de los años de experiencia en el culto cristiano, podrán ahorrarle angustias y penas innecesarias, además de dificultades, *sin* obligarlo a poner su vida y su condición de cristiano en un "congelador espiritual"!

En una ocasión Pablo decidió acudir al Asia Menor para predicar el evangelio, sin darse cuenta de que el momento no era el adecuado. Era sencillo para Dios dar indicaciones a Pablo, porque este continuamente iba de lugar en lugar; seguía el mandato general de Dios de predicar el evangelio a los que estaban perdidos:

Como el Espíritu Santo no les permitió anunciar el mensaje en la provincia de Asia, atravesaron la región de Frigia y Galacia, y llegaron a la frontera de Misia. De allí pensaban entrar en la región de Bitinia, pero el Espíritu de Jesús no se lo permitió. Así que, pasando de largo por Misia, bajaron al puerto de Tróade (Hechos 16:6-8).

¿Qué es lo que *no* vemos? A Pablo, sentado durante años en una caverna, ayunando y orando para ver qué debía hacer. Pablo sabía que había sido enviado a predicar el evangelio, así es que fue. Simplemente creía y confiaba en que Dios era lo suficientemente grande, capaz y más que dispuesto a dirigir sus pasos día a día, aún cuando esto implicara no predicar el evangelio –lo que Dios le había indicado hacer– en todo momento.

Es imposible no darse cuenta de Dios

Las personas más improductivas de la iglesia son por lo general aquellos desafortunados creyentes que viven en constante temor de no darse cuenta de Dios. Honestamente, estoy convencido de que es prácticamente imposible no darse cuenta de Dios cuando se ha establecido una relación de adoración hacia Él. ¡Hasta nuestros errores más graves se convierten en cosas positivas en sus manos!

Cuando yo era niño, tenía un autito de juguete, a pila y con un sensor automático en las ruedas delanteras. Tan pronto una de las ruedas tocaba el borde de una mesa y dejaba de rodar, el motor instantáneamente cambiaba a reversa para hacer retroceder al auto de vuelta sobre la mesa, para ir en otra dirección más segura.

Creo que Dios nos ha puesto dentro un sensor automático como ese, una guía que no permitirá que caigamos si llegamos al borde de sus propósitos, siempre y cuando avancemos manteniendo una relación con Él. El único modo en que podemos caer es si desobedecemos la Palabra de Dios o al Espíritu Santo, con obstinada desobediencia.

Sin embargo, a veces pareciera que el síndrome del "querer ser" obstaculiza nuestra intención de mantenernos en el camino y no salirnos de él.

El peligro más grande de este síndrome, es que tiende a complicar las vidas de los líderes de la iglesia y de los creyentes que originalmente oían a Dios cuando les indicaba algo, en su vida temprana como cristianos en el Señor. Sentían una pasión por el trabajo misionero, por el ministerio o por algún otro servicio, pero con el correr de los años la enfermedad se instaló, les hizo perder la pasión en el pantano de la política de la Iglesia y de la aprobación. Es este un sistema basado en un valor malentendido de capacidad personal y actuación pública. Dios parece estar más interesado en nuestra disponibilidad que en nuestra capacidad. Cuando uno se ha contagiado con esta enfermedad, tiende a reaccionar ante cada situación e intenta reivindicarse ante los ojos de los demás. "He escrito tantos o cuantos libros... He grabado tantos o cuantos CDs que fueron un éxito". Los pastores infectados por la enfermedad, generalmente iniciarán su conversación diciendo: "Hubo quinientas personas en mi iglesia este domingo... En mi iglesia hay dos mil... Tengo una iglesia con diez mil asistentes".

La notoriedad mundana le da más peso a nuestra opinión

Hay una regla implícita entre los contagiados por esta enfermedad, que dice que si uno es pastor en una congregación más grande, si uno canta mejor que otro, si uno es mejor orador que otro, si uno tiene un nivel de notoriedad pública más alto que otro, entonces su opinión y su presencia tienen más peso. Es el peor caso de dar valor a alguien con base en su actuación.

Según esta regla, la validez de su ministerio no estará basada en el llamamiento o en la integridad, sino en el carisma personal, en la educación o en las personas a quienes conocemos. El último criterio sería bueno si la persona a quien conocemos es *Dios*.

En la iglesia moderna, las personas distraídas que pasan tiempo con el rostro ante Dios en oración y adoración, parecen haber sido dejadas de lado a veces en favor de los que tienen mejor aspecto o desempeño en público, pero que rara vez ensucian sus ropas con lágrimas o se arrodillan para orar.

La aceptación de la espiritualidad superficial ha dado como resultado una falta de ministros ungidos, hombres y mujeres de Dios que caminan siguiendo el poder de Dios. Es muy fácil sacrificar la santidad hacia el Señor, a cambio de obtener quien se exprese con ingenio y buena oratoria.

La Palabra de Dios nos alienta a pasar por alto las palabras y modos que nos resulten atractivos, cuando buscamos niveles mayores de integridad, honestidad y rectitud que ocupen el lugar preponderante.

La perfecta voluntad de Dios es muy clara y simple

En mi opinión, la Biblia nos indica claramente cuál es la perfecta voluntad de Dios. Es la de *conocer a Cristo*. Jesús resumió la perfecta voluntad de Dios para cada persona, sea cual fuere su edad:

> *Jesús le dijo:*
> —*"Ama al Señor tu Dios con todo tu corazón, con toda tu alma y con toda tu mente". Este es el más importante y el primero de los mandamientos. Pero hay un segundo, parecido a este: "Ama a tu prójimo como a ti mismo". En estos dos mandamientos se basan toda la ley y los profetas* (Mateo 22:37-40).

Si amamos a Dios con todo nuestro corazón, con toda nuestra alma y con toda nuestra mente, esto significa que en verdad, no podemos fallar o confundirnos.

Lo que consideramos un error, es para Dios una escuela. Lo que consideramos un fracaso, es para Dios una prueba para pasar de grado. Él sabe que debemos pasar por pruebas para pulir los bordes ásperos de nuestras vidas y de nuestro carácter.

Anhelo el día en que como creyentes valoremos más el tiempo que una persona pasa con el Señor, que los logros de dicha persona o su actuación sobre un escenario, un aula o un púlpito. Quien

SI AMAMOS A DIOS CON TODO NUESTRO CORAZÓN, CON TODA NUESTRA ALMA Y CON TODA NUESTRA MENTE, ESTO SIGNIFICA QUE EN VERDAD, NO PODEMOS FALLAR O CONFUNDIRNOS.

ha *verdaderamente* invertido su tiempo en el Señor, no necesita hacer alarde ante otros acerca de su iglesia o de su ministerio personal.

Lo mismo sucede con nuestra vida personal en Cristo. Si hemos estado realmente con Dios, habrá algo en nuestro rostro y en nuestra actitud que lo hará evidente. Las personas verán algo en nosotros que es de otro mundo, algo que habla a sus corazones más que toda palabra. Algo que les dice: "Esta persona ha estado en contacto con la eternidad".

Es probable que recuerde usted que los fariseos y los altos sacerdotes se sorprendían ante los cambios y la sabiduría sobrenatural de Pedro y Juan en las crisis. La Biblia dice:

Cuando las autoridades vieron la valentía con que hablaban Pedro y Juan, y se dieron cuenta de que eran hombres sin estudios ni cultura, se quedaron sorprendidos, y reconocieron que eran discípulos de Jesús (Hechos 4:13).

No suelo tener visiones, pero una noche soñé que estaba en una habitación llena de luz, con seres angelicales. Podía mirar hacia dentro de la habitación a través de una pesada puerta, y veía que el suelo estaba tapizado con joyas de gran tamaño, con diferentes colores, como topacios, esmeraldas, ámbares, zafiros y diamantes.

Un ángel salió de la habitación; sostenía entre las manos un diamante del tamaño de una pelota de básquetbol. Pregunté al ángel por el significado de esto, y me dijo: "Son las joyas que el Señor ha escondido en la faz de la Tierra, y que nadie ve. Son mis ministros, apóstoles, profetas, evangelistas, pastores y maestros, mis líderes jamás vistos por los hombres".

Muchas de las personas que trabajan verdaderamente para Dios, no lo hacen necesariamente a la vista del público. El día en que todos estemos delante del Señor, estos trabajadores ocultos recibirán las coronas más grandes, porque jamás levantaron sus cabezas por encima de los campos.

Dios le ha dado a cada creyendo un campo para trabajar. Recuerde que los líderes de la iglesia deben equiparnos a *nosotros* para el trabajo del ministerio o del servicio (ver Efesios 4:11-12). Desgraciadamente, el éxito extraordinario en nuestro campo puede dar como resultados subproductos peligrosos.

Cuando Dios nos otorga éxito en alguna área del servicio o del ministerio cristiano, puede venir acompañado de una exigencia de parte de los demás que nos haga hablar a otros sobre este éxito. A algunas personas se les pide que escriban libros, o que participen de programas televisivos o de entrevistas en los medios. Si no somos cuidadosos, puede suceder que alcemos la cabeza por encima del campo y nos distraigamos de nuestro trabajo.

Estoy convencido de que la iglesia occidental en ciertos aspectos ha ido en sentido contrario al que los ojos de Dios indican. Vemos con admiración a los líderes carismáticos que se paran bajo las luces de los reflectores, pero algunos de estos famosos líderes quizá estén realmente muy al final de la fila cuando nos toque estar delante de Dios.

Esta es la estación en que el "alma de hombre" debe dejar de pisar los frenos del pensamiento egocéntrico, de la duda y de la parálisis espiritual. Debemos volver a la pasión de nuestro primer amor por Dios y comenzar a *hacer* aquello que Él nos pide hacer en su palabra. Una vez que hayamos *comenzado*, el gozo volverá a nuestros corazones y comprenderemos que nuestro potencial en Cristo sobrepasa todo entendimiento.

CAPÍTULO 6

La herencia de la intimidad

¡Usted ha nacido para esto!

A lo largo de la historia ha habido reyes, tiranos, demagogos y familias reinantes que legaron cuidadosa y celosamente sus privilegios, derechos de autoridad y realeza a sus herederos. Sus esfuerzos por preservar la herencia de privilegios que correspondían a su sangre y linaje son legendarios en Europa, el Lejano Oriente y Oriente Medio, además de otras regiones en el mundo entero.

¿Qué hay de su propia sangre? ¡Usted también tiene sangre real! ¡Y circula por sus venas y arterias en este momento! Todos los privilegios de la herencia real esperan por un heredero legal que los reclame, y esa herencia es suya, ¡si está usted preparado para el cambio que esto traerá a su vida!

La situación aparenta ser dramática, pero ya se ha repetido anteriormente.

Cuando el Señor le dijo a Moisés que separara a la familia o tribu de Leví para un destino sacerdotal, los descendientes masculinos de Leví *heredaron* la exclusividad de ser sacerdotes de Dios (ver Levítico capítulos 8-9).[1]

Los levitas llevaron a cabo todas sus obligaciones sacerdotales, *excepto* el servicio a cumplir en el lugar más sagrado –santo entre los santos–. No recibieron una propiedad física, ni una herencia terrenal, con la excepción del diezmo correspondiente a todo lo ofrecido al Señor como ofrenda y sacrificio. En esencia, su herencia estaba constituida por la presencia de Dios en sí mismo.

Luego Dios le indicó a Moisés que designara a Aarón, su hermano mayor, como el primer sumo sacerdote de Israel. Esta importante posición también sería *legada* exclusivamente a los hijos de Aarón y a sus descendientes masculinos. Por lo tanto, Aarón y sus descendientes fueron el *segundo* grupo elegido dentro de la tribu de Leví.

A diferencia del resto de los levitas, Aarón y sus hijos cumplieron con su ministerio directamente: estaban delante de Dios ante el Arca de la Alianza en la tercera y más sagrada cámara del tabernáculo. Mantuvieron la vela del Señor encendida día y noche, pusieron en riesgo sus vidas para llevar a cabo la ofrenda anual de reconciliación por los pecados de Israel antes de la *shekinah*, o presencia visible de Dios.

Los descendientes de Aarón renunciaron a sus derechos de herencia normal, y en lugar de ello recibían el diezmo de la tribu sacerdotal de Leví.

LOS LEVITAS Y LOS HIJOS DE AARÓN CAUSABAN PENA A DIOS

Llegado este punto, estará usted pensando: "¿Qué tiene que ver todo esto conmigo?" Cuando usted se convirtió, entró como cristiano en un nuevo ministerio llamado al servicio de Dios. Esto significa que podemos aprender de los logros y fracasos de los sacerdotes primeros en el Antiguo Testamento.

Con el tiempo, ambos grupos –la tribu de Leví y los hijos de Aarón– apenaron a Dios al abandonar su herencia divina para ir en pos de otros dioses, otros "primeros amores". Apenamos a Dios del mismo modo cuando abandonamos nuestra herencia divina para ir en pos de posesiones materiales y relaciones mundanas, o para satisfacer a nuestro propio ser, más que a nuestro Salvador.

> DIOS QUIERE QUE LA IGLESIA Y LA ASAMBLEA DE ADORADORES LO SIRVAN A ÉL Y SE OCUPEN DE QUIENES AÚN NO LO CONOCEN.

Dios busca sacerdotes y seguidores verdaderos y sinceros, como herederos espirituales de Aarón y Leví. ¿Ha leído usted el pasaje en el libro del Apocalipsis que dice que Jesús *"Ha hecho de nosotros un reino; nos ha hecho sacerdotes al servicio de su Dios y Padre"*? (Apocalipsis 1:6).

La herencia de linaje de los reyes y sacerdotes del mundo a menudo puede fallar, pero la herencia espiritual de Dios no falla nunca, y a Dios nadie puede atraparlo con la guardia baja. Mucho antes de que existieran Moisés y Aarón, Dios ya había formulado un plan divino para establecer un sacerdocio *espiritual* basado en la herencia divina.

Hoy Dios quiere que la Iglesia y la asamblea de adoradores lo sirvan a Él y se ocupen de quienes aún no lo conocen. Desdichadamente, muchas personas asisten a la iglesia únicamente porque esto es culturalmente esperable o deseable, o porque ayuda a la vida en familia. Otros lo hacen porque Mamá y Papá les han dicho que es su deber.

Luego hay personas que han descubierto que Dios las ha llamado. Aprendieron la verdad acerca de su herencia real en Cristo. Han comprometido voluntariamente sus vidas a Aquel que dio su vida por ellos.

Aún los cristianos devotos pueden apenar al Espíritu Santo continuamente por medio de servicios de autoservicio e ideas preconcebidas acerca del reavivamiento y la adoración. La belleza de la adoración genuina reside en que nos lleva a un lugar de verdadera intimidad con el Señor, donde comienza uno a comprender los deseos del corazón de Dios. Todo atajo o sustituto barato solo hará que se satisfagan únicamente nuestras necesidades humanas inmediatas.

NUESTRAS ACCIONES Y PRÁCTICAS APENAN AL ESPÍRITU SANTO

¿Cuántas de nuestras acciones y prácticas religiosas apenan al Espíritu de Dios? Pareciera que la mayoría de nosotros ni siquiera nos damos cuenta del mal que hemos cometido en contra de Él. Una de las claves para vivir en el secreto lugar del gozo de Dios, es aprender a discernir qué es lo que nos impide u obstaculiza la convivencia con Dios.

Pablo escribió: *"No hagan que se entristezca el Espíritu Santo de Dios, con el que ustedes han sido sellados para distinguiros como propiedad de Dios el día en que él les dé la liberación definitiva"* (Efesios 4:30). Entristecer al Espíritu Santo es causarle pena e inquietud, o hacer que se apene con pesadez y dolor.[2]

El pecado en nuestras vidas personales o en la adoración como congregación, apena seriamente al Espíritu Santo, especialmente si se trata de rebeldía, orgullo egoísta y de falta de perdón hacia los demás.

También apenamos a Dios cuando retaceamos o desviamos la adoración que Dios *desea*. Jesús nunca dijo que el Padre *necesitara* algo de la humanidad, pero sí le dijo a la mujer samaritana junto al pozo de agua, que su Padre personalmente *busca* a quienes lo adoren *"en espíritu y en verdad"* (Juan 4:23).

¿Se ha lavado usted las manos y el corazón?

Podría decirse casi con certeza que la mayoría de los cristianos se consideran adoradores de Dios, pero también habrá muchos que admitirán que muchas veces se sienten distanciados de Él. La Biblia nos describe dos rutas que los israelitas utilizaban para acercarse a Dios en adoración.

Permítame primeramente indicar que según la Nueva Alianza, todos nos acercamos a Dios por medio de Jesucristo, el *"camino nuevo y vivo"* (Hebreos 10:19 y también 10:20-21). Sin embargo, estoy convencido de que podemos aprender mucho de los modelos de adoración que aparecen en el Antiguo Testamento.

El Salmo 100 describe una progresión de la expresión humana que parece agradar y bendecir al Señor. Dice:

> *Vengan a las puertas y a los atrios de su templo con himnos de alabanza y gratitud. ¡Denle gracias, bendigan su nombre!* (v. 4).

A muchos de nosotros nos agrada citar y cantar este salmo, y eso es bueno. Pero he notado que esta ruta presupone que uno ya se ha arrepentido de sus pecados y ha enmendado toda relación dañada. El problema es que la mayoría de nosotros nos acercamos sigilosamente a la mesa del banquete del Señor, sin habernos lavado las manos. El camino alternativo nos lleva primero hacia el lavabo, para que podamos limpiar nuestros corazones antes de llevar nuestra ofrenda al Rey de gloria.

Y si mi pueblo, el pueblo que lleva mi nombre, se humilla, ora, me busca y deja su mala conducta, yo lo escucharé desde el cielo, perdonaré sus pecados y devolveré la prosperidad a su país (2 Crónicas 7:14).

Cuando nos arrepentimos y nos hacemos humildes ante Dios, somos libres para ofrecerle nuestro agradecimiento y alabanza con manos limpias y santas. Pablo le dijo a Timoteo: *"Quiero que los hombres oren en todas partes, y que eleven sus manos a Dios con pureza de corazón y sin enojos ni discusiones"* (1 Timoteo 2:8).

En tal momento, entramos a sus puertas con gratitud, y avanzamos hacia su morada con alabanza. Al llegar a ese santo lugar, y al cruzar hacia el más santo lugar de intimidad con el Señor –por medio de la adoración– tendemos a querer quedarnos allí, donde meditamos nuestra admiración por el Señor.

El novio espera la canción de su amada

Cuando enfocamos nuestra mirada en Dios y comenzamos a cantarle sobre su santidad, a menudo nos encontramos espontáneamente cantándole canciones de amor, como lo haría una novia para su amado. Esta etapa a menudo avergüenza a los hombres del hemisferio occidental, porque les parece difícil imaginarse a sí mismos como novias, pero la imagen es fiel a la verdad.

Como líder en los servicios, he notado que por lo general las personas no llegarán tan lejos como lo deseo en la expresión de la adoración, por lo que debo ser yo quien hace un esfuerzo mayor para atraerlos más cerca de Dios. Es el papel que le toca a quien desempeña el rol de líder, en las cosas del Señor en esta Tierra.

A veces Dios nos llama a escalar una montaña, aún cuando todos los demás prefieren quedarse al pie, en el valle. Uno de los secretos más grandes y sencillos del gozo en la presencia de Dios consiste en enfocar la mirada totalmente en el Señor, y olvidarse de las personas que hay a nuestro alrededor. No es mala educación, es la relación con Dios.

Cada vez que debo separarme de mi esposa o de mis hijos durante unos días, al regresar no podría importarme demasiado si la persona que está junto a mí aprueba mi relación con ellos o no, ¡tan pronto los veo nuevamente, los abrazo y beso como nunca antes! ¿Por qué ser menos demostrativo con Aquel que ha muerto por nosotros?

Cuando adoro a Dios en un lugar público, sigo amando y valorando a todo quien pueda hallarse cerca de mí, pero no he sido llamado a ellos del mismo modo en que he sido llamado a Él. ¡Y ellos no hicieron por mí lo que hizo Él!

El arrepentimiento y la reconciliación son las claves de la adoración verdadera, porque así lo dijo Jesús:

Así que, si al llevar tu ofrenda al altar te acuerdas de que tu hermano tiene algo contra ti, deja tu ofrenda allí mismo delante del altar y ve primero a ponerte en paz con tu hermano. Entonces podrás volver al altar y presentar tu ofrenda (Mateo 5:23-24).

Así es como piensa Dios acerca del perdón, de cuando no perdonamos a otros. Y Dios no cambiará de idea. Esto significa que no podemos darnos el lujo de seguir viviendo con una actitud ajena al perdón en nuestras relaciones de familia, o dentro de la iglesia.

Si no perdonamos, podemos ser descalificados

Las cosas se ponen aún peor si intentamos esconder nuestro pecado, como lo hicieron Adán y Eva. No finja que todo está bien si aún tiene algún resquemor en contra de alguien. ¡Si no perdonamos, podemos ser descalificados para recibir perdón por lo que hacemos! El apóstol Juan nos advirtió:

> Si alguno dice: "Yo amo a Dios", y al mismo tiempo odia a su hermano, es un mentiroso. Pues si uno no ama a su hermano, a quien ve, tampoco puede amar a Dios, a quien no ve (1 Juan 4:20-21).

La Biblia también nos dice: *"¡Que todo lo que respira alabe al Señor!"* (Salmo 150:6). Un adúltero, una prostituta, un narcotraficante y un asesino pueden alabar al Señor, y así también todo *"lo que respire"*. Sin embargo, solo aquellos que combinan la obediencia a Cristo con alabanza y adoración con corazón limpio, experimentarán la presencia manifiesta de Dios.

EL COMPROMISO FOMENTA LA ACEPTACIÓN INCONDICIONAL

El compromiso suele transformar nuestras relaciones con Dios y con nuestros pares. Comienza en el momento en que experimentamos la misericordia y la gracia del amor que Dios tiene por nosotros. Es por medio de la gracia que aprendemos que el compromiso fomenta la aceptación incondicional.

Jesucristo firmó el compromiso más eximio, cuando dio su vida por nosotros, la del inocente por los culpables. A su vez, Él nos pide que cada uno de nosotros se comprometa con Él:

Si alguno quiere ser discípulo mío, olvídese de sí mismo, cargue con su cruz cada día y sígame (Lucas 9:23).

¿Es que su compromiso con el Señor lo transformará instantáneamente en una persona perfecta, incapaz de cometer pecado? No, pero sí significa que su motivación interna ha cambiado. Es usted una nueva criatura, con corazón nuevo, que busca a Dios.

El compromiso es la rendición en libertad, la aceptación de una responsabilidad casi contractual. Es la promesa de un amor sincero que crea un trampolín sobrenatural hacia la adoración y alabanza sincera a Dios. Jesús le dijo a la mujer junto al pozo de agua: *"Dios es Espíritu, y los que lo adoran deben hacerlo de un modo verdadero, conforme al Espíritu de Dios"* (Juan 4:24).

El amor de Dios no cambia a causa de nuestras fallas

Cuando adoramos a Dios, se cumple un destino. Recibimos un nuevo entendimiento de la alianza y el compromiso que hay entre nosotros y Dios. Se nos recuerda una vez más que Dios nos ama y esto lo sabemos con el corazón, y no solo con nuestra mente.

El amor de Dios no cambia a causa de nuestras fallas, nuestros pensamientos poco precisos y nuestros motivos, generalmente mixtos. Él nos sigue amando, y la gracia cubre nuestros pecados confesos y nuestras falencias.

Cada vez que entro en un lugar íntimo con el Señor, cuando mi corazón está limpio y mis motivos son puros, a menudo siento cosas en el Espíritu que de común no me son tan obvias. Me llegan claras instrucciones de parte del Señor cuando entro en este secreto lugar por medio de la adoración, tanto cuando lidero el servicio en la iglesia de mi pueblo, como cuando lo hago en otros países. En algún momento siento que Él me llama para que convoque a todos los pródigos que el enemigo ha intentado robarle, de entre las personas de la congregación. En otros momentos, es probable que Él nos guíe para hacer un llamado colectivo para que el reino de Dios avance, o para que Dios proteja a Israel. Si Él dice, "anhelo ver que los musulmanes se vuelven hacia mí", es entonces cuando comenzamos a orar y a proclamar el deseo de Dios con nuestros labios.

Por alguna razón, Dios insiste en incluirnos en la ecuación de su reino. No lo necesita, pero elige hacerlo.

Cuando lo amamos y obedecemos su palabra de corazón, Dios libera a los ángeles para que nos guíen en la batalla, en tanto nosotros proclamamos sus propósitos para hacerlos realidad. Jesús nos dio el patrón de conducta, al decirnos: *"No hago nada por mi propia cuenta; solamente digo lo que el Padre me ha enseñado"* (Juan 8:28). Se nos llama a ser como Jesús, a prestar nuestras voces y cuerpos a Dios para declarar sus propósitos en la Tierra.

Dejamos todo lo demás para adorar a Dios

Innumerable cantidad de veces, cada semana, bajo la Nueva Alianza de Jesucristo, intentamos hacer lo que hicieron los que adoraban a Dios en los tiempos del Antiguo Testamento, una y otra vez: adorar *sin el arrepentimiento* necesario para acercarse a Él con corazón puro y manos santas.

Una vez alguien lo dijo de esta manera: "Hay demasiados tipos que quieren solo juntarse y volver a casa sintiéndose bien". No, Dios ilustró nuestra relación comprometida con Él refiriéndose a los votos matrimoniales que un hombre y una mujer se hacen mutuamente ante el altar: dejar todo lo demás.

No hay entrada al lugar interno de la presencia de Dios, sin compromiso de adoración genuina.

Crecí en iglesias pentecostales, donde la adoración exuberante y la alabanza plena de energía eran una característica determinante. Nos centrábamos en las canciones testimoniales y las de declaración bíblica; pero, en ocasiones, parecíamos sufrir de cierta debilidad en el área de las canciones de adoración íntima, escritas *a* Dios y no *sobre* Dios. Otra de las cosas que teníamos en común con muchas de las iglesias carismáticas de hoy, era el hecho de que una vez terminado el servicio, todos entrecruzaríamos nuestros brazos, diríamos amén e iríamos a casa virtualmente impertérritos respecto de lo que sucediera.

Jamás se le ocurriría a usted gritarle a su cónyuge: "¡Te amo!" Esta entrega violenta no tiene, por supuesto, el mismo impacto que si se acerca usted y susurra suavemente: "Te amo".

A menudo me pregunto qué es lo que el Señor piensa en realidad acerca de nuestros servicios de alabanza. Seguramente, Él espera que de algún modo vayamos más allá del velo y verdaderamente lo adoremos en intimidad, cuando nos despojamos de nosotros mismos. Imagine lo que pensará Dios: "Mira, están alabándome. Me pregunto si es esto un preludio de algo más. Le enviaré un poquito de gloria y veré si logro que se acerquen más. Me gustaría mayor intimidad, en verdad... si tan solo me permitieran acercarme más".

¿Qué es lo que sucede cuando un grupo de cristianos percibe la gloria de Dios? Quizá haya usted notado que la mayoría del tiempo no parece que sepamos muy bien cómo manejar esto. Al comienzo, nos sentimos bastante bien, pero en lugar de quedarnos por allí y *servirle*, nos dejamos vencer por la urgente necesidad de predicar y gritar un poco.

Busque el propósito divino por encima de la divina excitación

Solo hace falta apenas un toque de la gloria de Dios para hacernos sentir como si pudiésemos cargar con el mundo. Eso es bueno. Pero nuestro deleite en la *excitación* de su presencia, a menudo nos hace perder de vista el propósito de su presencia. Pablo dijo:

> DIOS SE COMPLACE EN BENDECIRNOS, Y NOS ORDENA SERVIRNOS LOS UNOS A LOS OTROS, PERO ESTO SE HACE DE LA MEJOR MANERA SOLO DESPUÉS DE QUE LO ADORAMOS Y LO SERVIMOS.

Por eso, todos nosotros, ya sin el velo que nos cubría la cara, somos como un espejo que refleja la gloria del Señor, y vamos transformándonos en su imagen misma, porque cada vez tenemos más de su gloria, y esto por la acción del Señor, que es el Espíritu (2 Corintios 3:18).

Dios envía su gloria para *cambiarnos* y *conformarnos* a su imagen. A menudo nos perjudicamos a nosotros mismos, cuando acortamos el proceso yendo hacia la habitación de "bendíceme" y la del "ministerio mutuo". El cambio más importante se produce en nosotros cuando lo servimos, y permitimos que su gloria nos transforme desde dentro hacia fuera. Dios se complace en bendecirnos, y nos ordena servirnos los unos a los otros, pero esto se hace de la mejor manera solo *después* de que lo adoramos y lo servimos.

¿Ha notado que en la gloriosa atmósfera de la visitación divina, el domingo por la noche sentimos que comenzamos a ponerle límites al diablo, pero que el lunes por la mañana pareciera que este vuelve a robarnos a la luz del día? ¿Por qué sucede esto?

Hace falta más que una pequeña carga de escalofríos ante la presencia del Espíritu Santo, para poder vivir en victoria día tras día.

Una de las cosas que aprendí en el reavivamiento que Dios envió a Brownsville, es que la vida según La Palabra de Dios, y el arrepentimiento, deben funcionar lado a lado, como base de nuestra pasión por Dios. Un corazón limpio y una vida en La Palabra liberan el poder de Dios en todo lo que hagamos.

NO MALGASTE LA GLORIA DE DIOS

Dios nos envía la gloria en pequeñas dosis, para acercarnos más y más a la adoración y la íntima comunión con Él. Pero malgastamos estas preciosas visitaciones cuando las consumimos con nuestra propia lujuria, o gastamos lo que recibimos en placeres propios, en lugar de volver nuestra pasión hacia el corazón del padre (ver Santiago 4:3).

Incluso la mejor iglesia, el mejor grupo de oración o el más acabado grupo denominacional, pueden llegar a pasar más allá de la visitación inicial de Dios para convertirse en un "club de la bendición", un grupo de "nosotros cuatro", en lugar de ser un acogedor "club de ardiente luz de amor en un mundo de oscuridad". Oro porque Dios nos muestre cada una de las áreas en nuestras vidas en que hemos construido sin querer paredes que excluyan a las personas, en lugar de haberles dado la bienvenida con amor incondicional, para acercarlas a Jesús.

¿Habremos desarrollado códigos secretos, implícitos, de vestimenta y lenguaje? Nos gusta hablar acerca de los fariseos del Nuevo Testamento, pero ¿cuántos entre nosotros descubrimos que nos contamos entre los pocos privilegiados que excluyen o dificultan la entrada de quienes desean formar parte de nuestros grupos sociales y religiosos?

Jesús dijo que deberíamos poder ser reconocidos por nuestro amor por los demás, no por nuestros códigos de vestimenta o por nuestra crítica de otras personas. Estoy convencido de que si aprendemos a volver nuestros corazones al Padre y a su pasión, podremos luego –quizá– reclamar la totalidad de nuestra herencia de intimidad con Él, el tipo de intimidad que marcó el ministerio de Jesús en todo momento, diferente de cualquier otro.

La clave de la pasión en una relación

Algunos de los cristianos antiguos, en la historia de la Iglesia, tenían esta clase de intimidad con el Señor. Uno sabía que se relacionaban con Dios de manera muy intensa porque había algo *diferente* en ellos, algo que todos los que los conocieran también deseaban tener. No eran presuntuosos ni creían ser más santos que otros; poseían la clave que se requiere para convertir la pasión por Dios en una verdadera relación con Él.

Debemos lograr desarrollar esta capacidad de ser sensibles y decididos para descubrir qué es lo que agrada a Dios, y hacerlo. Sí, disfrute de cada momento de excitación, exuberancia y pasión en presencia de una visitación divina. Pero al mismo tiempo, manténgase sensible a los deseos de Dios, a sus propósitos, más que a su propio deleite por su presencia.

¿Quiere Dios llevarlo más cerca de la comunión con Él? Quizá quiera llevarlo a un lugar de intimidad, donde la carne y las emociones se acallen, mientras Él se adentra en lo más profundo de su corazón, y hace allí su obra.

La adoración es la expresión íntima del corazón y el alma hacia Dios. Quien llega con un corazón puro para ofrecer –con el incienso de la alabanza y la adoración ante el Señor– es recibido.

El viaje de nuestra congregación hacia el corazón del Padre comenzó el 18 de junio de 1995, en la Iglesia de la Asamblea de Dios de Brownsville. Al comienzo pensamos que se trataba solo de una visitación a nuestra iglesia. Hoy, luego de tantos años y cientos de miles de visitantes, aún estamos aprendiendo a adorar a Dios. ¡Sentimos como si recién estuviéramos comenzando!

Estamos más hambrientos, más desesperados y con mayores deseos que nunca, de preguntarle al Señor: "¿Qué es lo que quieres, Señor? Has sobrepasado todo lo que pudiéramos haber pedido o soñado. Ahora estamos esperándote, para servirte. Anticipamos tu agrado. Muéstranos cómo adorarte y honrarte con mayor plenitud".

SI PODEMOS DEFINIRLO, SENTIMOS QUE PODEMOS LIMITARLO

Parte de nuestro problema para identificarnos con el Señor por medio de la oración, consiste en que simplemente no comprendemos en su totalidad los aspectos de la adoración. Parece virtualmente imposible definirla. Y cuando creemos haber podido hacer esto, intentamos limitarla. Es tiempo de poner las cosas en claro: la adoración es *todo* aquello que honre y glorifique a Dios.

¿Forma la música parte de la adoración? Sí, pero la música no es adoración; es solo una herramienta que utilizamos para adorar. ¿Consiste la adoración en vivir una vida según la Palabra, en obedecer al Señor a lo largo de nuestros años sobre esta Tierra? Sí, pero esto es solo *una parte* de la adoración.

Al volver de uno de mis últimos viajes, cuando el avión aterrizó recorrí el tradicional camino de peregrinaje en busca de un ómnibus que me llevara hasta el puesto de alquiler de automóviles. En este aeropuerto en particular, debí esperar fuera de la terminal, en un lugar determinado, hasta que llegara el ómnibus.

Cuando este llegó y se detuvo delante de mí, el conductor bajó del vehículo con inusual vitalidad. Era un hombre de contextura mediana, de unos cincuenta años aproximadamente –en mi opinión– y se mostró extremadamente amable y con deseos de ayudarme, al tomar mi equipaje y cargarlo en el ómnibus.

Viajo con frecuencia, ¡y créame que esto no es el tratamiento habitual que suelo recibir de los conductores de ómnibus al ir hacia un puesto de alquiler de automóviles! Cuando tomé asiento en el ómnibus, el conductor siguió siendo muy amable, me dio indicaciones e información de utilidad sobre su ciudad.

Creo que todos podríamos aprender algo de este hombre. Sentado en mi asiento, noté que escuchaba una estación de radio con contenido evangélico, y luego deduje que sería creyente. Eso explicaba la atmósfera de gozo que se respiraba a su alrededor.

Más tarde, mientras pensaba en este hombre, me di cuenta de que él estaba *honrando a Dios* por medio de su excelente desempeño en sus tareas. Literalmente, era un ejemplo viviente del *estilo de vida de la adoración.*

En un sentido muy real, Dios es adorado cada vez que el viento sopla y agita las hojas de los árboles. Jesús dijo que si la humanidad dejaba de adorarlo –como sucede tan a menudo– ¡las piedras de la tierra llorarían (ver Lucas 19:40)!

Todo intento por definir la adoración limitándola a ciertas actividades es, por lo menos, una pérdida de tiempo. Si alguien hubiera intentado limitar la definición de la adoración a la mezcla de instrumentos y patrones vocales existentes antes de que David ascendiera al trono de Israel, se habrían visto obligados a reescribir todos sus libros de adoración más tarde.

¿Por qué? En mi opinión, luego de convertirse en rey, David literalmente diseñó nuevos instrumentos y patrones líricos de adoración, ¡tan solo con el fin de expresar su adoración a Dios! (ver 1

Crónicas 23:5). Lo mismo ha sucedido una y otra vez, a lo largo de los siglos transcurridos desde la muerte de David. ¡Imagine lo que haría David con la cantidad de opciones en materia de música e instrumentos que hoy tenemos! ¡Creo que algún día lo veremos y lo experimentaremos!

HAGA DE DIOS SU PRIMERA PRIORIDAD Y SU PRIMER AMOR

Estoy convencido de que no podemos enmarcar o etiquetar la adoración dentro de las limitaciones de una época en particular, o de un patrón cultural o moda musical en modo alguno. ¿Quiere usted adorar a Dios? Entonces ponga a Dios *en primer lugar*, en cada área de su vida. Hágale Señor, y asegúrese de que *Él* sea su primer amor, su pasión primera, su fuego en esta vida y en la vida por venir.

Con esta actitud, la adoración pronto será todo lo que usted diga y haga. La adoración tiene más que ver con el corazón que con la cabeza. Dios mira más allá de nuestra mente, mira dentro de nuestro corazón, mientras usted canta, ora, predica o acompaña a sus hijos a la cama por las noches.

Jesús incluyó la ofrenda y el diezmo en su definición de la adoración. Elogió a la viuda que dio su pequeñísima contribución –apenas una fracción de un penique, la moneda más insignificante en su tiempo–:

> *Jesús estaba una vez sentado frente a los cofres de las ofrendas, mirando cómo la gente echaba dinero en ellos. Muchos ricos echaban mucho dinero. En esto llegó una viuda pobre, y echó en uno de los cofres dos moneditas de cobre, de muy poco valor. Entonces Jesús llamó a sus discípulos, y les dijo:*
> *—Les aseguro que esta viuda pobre ha dado más que todos los otros que echan dinero en los cofres, pues todos dan de*

lo que les sobra, pero ella, <u>en su pobreza, ha dado todo</u> lo que tenía para vivir (Marcos 12:41-44).

Aún una fracción de un penique en manos de la viuda, era adoración. Una moneda de cobre en manos de otra persona, podría no haber significado siquiera un granito de arena de adoración.

El sacrificio transforma a las ofrendas naturales en adoración espiritual

La vida de David revela un principio espiritual que transforma las ofrendas naturales en adoración espiritual:

> *Y Arauna le contestó: (...) ¡Todo esto se lo doy a Su Majestad! Además, Arauna exclamó:*
> *–¡Ojalá Su Majestad pueda complacer al Señor su Dios!*
> *Pero el rey respondió:*
> *–Te lo agradezco, pero tengo que comprártelo todo pagándote lo que vale, pues no presentaré al Señor mi Dios holocaustos que no me hayan costado nada.*
> *De esa manera David compró aquel lugar y los toros por cincuenta monedas de plata* (2 Samuel 24:22-24).

Como lo mostrara David, la adoración significa darle a Dios todo, y amarlo mientras damos. ¿Estamos dispuestos a sacrificar nuestros deseos y preferencias en pos de Aquel que lo dio todo –incluso su vida– por nosotros? ¿Le han dicho a usted alguna vez: "Entremos en la casa del Señor y demos un *sacrificio en alabanza*?"

Me parece que hay poco de sacrificio en el hecho de solo aplaudir a una banda de músicos que toca en adoración, un domingo por la mañana.

La adoración es más que la teoría de la música

Millones de cristianos asisten a la iglesia el domingo por la mañana y cantan un par de canciones. Luego van a casa después del mensaje, confiados en que verdaderamente han hecho un sacrificio de adoración al Señor. Seguramente, muchos de nosotros ponemos énfasis en el "sacrificio" de tener que soportar la música que otros eligen, en lugar de la que más nos gusta.

Según Jesús, lo primero que debemos sacrificar como acción de adoración, es a nosotros mismos: *"Si alguno quiere ser discípulo mío, olvídese de sí mismo, cargue con su cruz cada día y sígame"* (Lucas 9:23). No estoy seguro de cómo se sentirá usted al respecto, pero esta Escritura puede resultar a veces *dolorosa*.

La verdad parece demasiado dura. ¿Es posible que en algunos servicios religiosos a los que asisten miles de personas, haya apenas unas veinte personas que en verdad adoran a Dios en espíritu y en verdad? Espero equivocarme en esta sospecha, pero muchas veces me temo que muchos de los cristianos no participan de la adoración genuina. Simplemente asisten y presencian un lindo servicio de canciones, o una interpretación musical profesional.

La adoración tiene que ver con el corazón, con conocer lo que hay en el corazón del Señor, y comunicar este mensaje de Dios a quienes no lo conocen.

¿Significa esto que todos los líderes de servicios, como yo por ejemplo, debiéramos ser despedidos de nuestros puestos para que busquemos otro empleo? No, significa que todo el que esté directa o remotamente conectado a la adoración grupal en la Iglesia, deberá ver su tarea como una vocación divina, y no como un empleo.

El culto, el servicio de adoración, debe organizarse y conducirse con dependencia y sujeción al Espíritu de Dios, y no siguiendo los lineamientos de la teoría musical o de las técnicas de producción, la exaltación musical o la cuidadosa manipulación de lo emocional.

Algunas de las personas más felices que conozco son intelectualmente brillantes, pero su característica más notable es, en esencia, ¡su capacidad de volverse un tanto tontos, o locos, por el Señor!

LOCOS POR DIOS, PERO AÚN ASÍ, UNGIDOS

Piense en algunas de las costumbres interesantes que tienen las personas más salientes en la lista del "Quién es Quién" del Nuevo Testamento. Un joven discípulo insistía en apoyar su cabeza sobre el pecho de Jesús, sin importar quién estuviera mirando. ¿Qué pasaría si alguien intentara hacer eso hoy en su iglesia? Me alegro de que Juan, el amado discípulo no tuviera que lidiar con los celosos feligreses de hoy. ¿Dónde estaríamos sin sus epístolas, sin el libro del Apocalipsis?

Otro seguidor de Jesús en el Nuevo Testamento insistía en llamar *"basura"* a todos aquellos títulos académicos y credenciales religiosas (Filipenses 3:8), porque era este el único modo en que podía comparar sus logros personales con el gozo de conocer y amar a Jesucristo. ¡Este hombre evidentemente sabía acerca del secreto lugar del gozo!

Y me alegro de que a Pablo no se le mandara lavarse la boca con jabón, o que no se le expulsó del ministerio público a causa de una expresión tan extravagante. ¡Estaba loco por Dios, y aún así, ungido! La mayor parte del texto del Nuevo Testamento proviene del corazón y la experiencia de vida de este líder y seguidor de Jesús, enloquecido por Él. Quizá no sea tan malo ser un poco loco, o un poco tonto.

Si tiene usted mucho tiempo libre, pregúntele a sus amigos creyentes, a quienes están locos por Jesucristo, cómo se sienten respecto de Él. En caso de que no tenga usted amigos así, vea cómo podría ser la conversación:

"Oh, es fácil. ¡Él es mi pasión! Es mi primer amor. Simplemente no puedo esperar a levantarme con Él cada mañana. Oh, sí, y tampoco puedo esperar hasta decirle buenas noches al final de cada día. De hecho, no puedo dejar de pensar en Él durante todo el día. ¿Qué puedo decirte? Es que tenemos esta relación entre ambos".

Otra respuesta sería: "Sinceramente, lo amo a Él más que a la vida misma, porque Él me amó lo suficiente como para dar su vida, para que yo también pudiera vivir. ¿De cuánto tiempo dispones? Acabo de comenzar... y hay mucho más que quisiera decirte acerca de Él".

Estos adoradores y seguidores de Dios, reales y un poco locos por Él, a veces tienden a sentir frustración. Les resulta difícil entender por qué todos los demás a su alrededor no hablan acerca de Dios del mismo modo que ellos. No comprenden por qué hay gente que mira el reloj, impaciente por el momento en que termine el culto de adoración al Señor.

Constantemente están a la defensiva para evitar actitudes arrogantes o egoístas en su celo por adorar y servir a Aquel a quien aman más que a nadie más. Parece que su tarea en Cristo es la de descubrir y poner en práctica lo que las Escrituras dicen acerca de soportar con paciencia a otros. Es por una buena razón que el apóstol Pablo dijo:

> *Por esto yo, que estoy preso por la causa del Señor, les ruego que se porten como deben hacerlo los que han sido llamados por Dios, como lo fueron ustedes. Sean <u>humildes y amables, tengan paciencia y sopórtense unos a otros con amor</u>, procuren mantener la unidad que proviene del Espíritu Santo, por medio de la paz <u>que une a todos</u>* (Efesios 4:1-3).

UN POCO LOCOS O TONTOS, PERO AÚN ASÍ, LAVADOS POR LA SANGRE DE JESÚS

Incluso Jesús debió lidiar con niveles de madurez completamente diferentes entre sus doce discípulos. ¿Por qué nos sorprende hoy que haya niveles tan diversos de pasión y devoción en las congregaciones? Las personas a su alrededor pueden pensar y adorar a Dios de modo diferente respecto del que tiene usted, pero esto no importa, si tomamos en cuenta que aún así han sido lavados por la sangre del Cordero y redimidos por Él.

Los adoradores sinceros sienten ansias de ponerse a los pies del Señor y adorarlo. No les gusta cuando el servicio del domingo por la mañana consiste en solo un par de canciones, o cuando el orden del servicio es demasiado apretado y hay poco espacio para la adoración. Ansían aquellos momentos en que Él es el *único foco* del encuentro –el Señor también debe sentir algo parecido acerca de este tipo de cultos o servicios–.

Permítame sugerir lo siguiente: cumpla con su deseo de adorarlo en su hogar –donde todos debiéramos adorarlo la mayor parte del tiempo, de todos modos–. Y cuando se reúne con otros creyentes en una reunión de la iglesia, encontrará probablemente que el Espíritu Santo ha *diseñado el servicio* para ayudar a los nuevos creyentes o a las personas no salvas, para que conozcan a Dios y a su Palabra. En otras ocasiones, Dios hará un llamamiento soberano a los creyentes maduros, para que lo adoren en espíritu y en verdad.

Las personas que adoran a Dios provienen de lugares diversos: complejos habitacionales, seminarios, hogares destruidos, grandes ciudades, comunidades rurales y todo otro lugar en que pueda usted encontrar gente de fe. Jesús nos enseñó a orar diciendo: *"Venga a nosotros tu reino. Hágase tu voluntad, así en la tierra como en el cielo"* (Mateo 6:10). Estoy convencido de que Dios está preparado para hacerlo, si lo estamos nosotros.

Este es el deseo ardiente que hay en mi corazón: ¡Si Dios me permite hacerlo, me gustaría reunir a un millón de fieles y a mil líderes que no dieran un ápice por la actuación!

Estoy convencido de que la Iglesia ganará ciertas victorias en el futuro, cuando enviemos *primero* a los fieles. Sigo orando esto con todo mi corazón y con todas mis fuerzas: "¡Señor, reúne a una generación de fieles sinceros!"

Algo sucede sobre la Tierra. ¡Hay personas como usted o como yo, que adoran al Señor con total entrega, en todo el planeta en este preciso instante! *Amamos* al Señor, y estamos creando bolsillos de adoración apasionada y de total entrega, en todo el planeta.

Creo que esta adoración global ofrecida a Dios traerá al Señor Jesús de vuelta para que establezca el reino de Dios mucho más temprano. No haré una doctrina de esto, ni saldré a las rutas con un video y un libro de prácticas, pero estoy convencido de que la adoración y la alabanza conmueven el corazón de Dios, y quiero ser parte de ese movimiento.

CAPÍTULO 7

Anticipación y gozo

El dolor del anhelo es parte de la recompensa

C uando yo era un niño, esperaba ansiosamente la llegada de la última edición del catálogo de Sears and Roebuck. Cada año, desde los seis hasta los doce años, cumplí el mismo ritual semisagrado.

Lápiz en mano, miraba con atención cada una de las páginas del catálogo, y encerraba en un círculo los artículos que luego incluiría en mi lista de favoritos para la Navidad. La línea del contorno del círculo era más gruesa alrededor de lo que más me gustaba, y hacía esto aún cuando sabía que mi papá intentaría encontrar alternativas más económicas que fueran similares a lo que figuraba en mi lista.

Como papá no había heredado una mina de oro ni un pozo de petróleo, yo sabía que no podría pagar por todo lo que había pedido, pero jamás permití que esto me impidiera estudiar el catálogo de mis deseos con fruición, imaginando lo imposible o anticipando la Navidad.

La mayoría de mis amigos provenían de familias que no podían darse el lujo de comprar los zapatos, los jeans o ropa de última moda. Cuando se aproximaba la Navidad, la mayoría de los padres en mi barrio automáticamente se dirigían a las tiendas de descuentos como Woolco, o incluso la tienda de la esquina –el equivalente a Wal-Mart, Target o Kmart de hoy, que no existían entonces–.

En la década de 1970, cuando yo todavía era un niño, Adidas lanzó al mercado sus zapatillas de tenis con las características tres tiras, el último grito de la moda en materia de calzado deportivo, y mis amigos y yo recibimos la versión parecida, proveniente de la tienda de descuento, aunque nuestro modelo venía con solo dos tiras. Bautizamos a esta imitación "B-boes", por razones que ni siquiera recuerdo.

Jamás se me ocurrió pensar que encontraría lo que había incluido en mi lista, bajo el árbol de Navidad. Tan solo disfrutaba de la anticipación. Para mí, esto resume nuestra ocupación principal en esta vida: la búsqueda de la presencia de Dios, la anticipación y el ansia por el regreso del Señor.

CLAUDICAMOS CON DEMASIADA FACILIDAD

Dios nos dio la Biblia –su Palabra escrita– donde se describe la naturaleza, los deseos y la sabiduría de Aquel a quien deseamos. Sabemos que no lo recibiremos *en plenitud,* hasta que lo veamos a su regreso y, sin embargo, hay tanto que Él quiere revelarnos mientras aún vamos de camino allí; ¡solo que claudicamos con demasiada facilidad!

Hay un deleite en la persistente búsqueda y anticipación de la visitación de Dios y, sin embargo, innumerable cantidad de cristianos a lo largo de los siglos han perdido su gozo y abandonado esta anticipación.

Cuando Jesucristo revela su manifiesta presencia y toca a las personas de maneras que van más allá de la explicación natural, muchos cristianos supuestamente maduros, subestiman lo sobrenatural, lo atribuyen a la debilidad o a la emotividad humanas. Pareciera que prefieren la relativa seguridad de una teología sin poder, de un Dios que está casi permanentemente de vacaciones.

A menos que la Biblia sea solo un libro de mitos e historias para niños, debemos aceptar su enseñanza de que servimos a un Dios *sobrenatural*, que continúa haciendo cosas *sobrenaturales* en nuestro mundo natural.

Amo al Señor, y me gusta mucho adorarlo. Agradezco la oportunidad de ir en pos de Él en la adoración, la oración, la fe y el servicio obediente en su nombre.

Atesoro los momentos en que me ha permitido sentir su presencia y capturar, aún si es solo con mi limitado sentir, el amor eterno que Él siente por mí.

Pero habrá quien diga: "Estás solo yendo tras una emoción, es demasiado evidente". Quizá tengan razón, pero Dios nos manda amarlo.

El amor sin emoción y pasión a menudo carece de poder y es improductivo. Podría decirse que estaba yo siguiendo una urgencia hormonal cada vez que veía a Amber durante nuestro noviazgo. Sin embargo, la verdad es que estaba yo yendo en pos de Amber. La urgencia hormonal que sentí durante esta búsqueda era –y sigue siendo– un delicioso y maravilloso subproducto de algo mucho más grande, más profundo y más noble.

Dios está allí para que lo encontremos

No me desalientan las acusaciones de emocionalidad y búsqueda de excitación. La verdad es que el estado espiritual que Pedro llamó *"gozo inefable y lleno de gloria"* (1 Pedro 1:8), nunca llega cuando lo espero. Sin embargo, siempre me apasiona simplemente saber que la fuente de ese gozo y el objeto de mi búsqueda está allí, para que la encuentre.

Jesús nos urge a expandir nuestra valuación del Reino y de su presencia, hasta el punto de la desesperación y la búsqueda extrema. Lo dijo de esta manera:

> *Sucede también con el reino de los cielos como con un comerciante que andaba buscando perlas finas; cuando encontró una de mucho valor, fue y vendió todo lo que tenía, y compró esa perla* (Mateo 13:45-56).

Jesús se retrató a sí mismo con estas palabras. Lo que dijo, en esencia, es: "Yo soy la perla de gran precio. Estoy aquí, esperando, pero deberán buscarme". Obviamente, las Escrituras nos alientan a buscar a Dios con fervor y a desear con ansias su presencia.

¿Cómo saber cuándo lo hemos encontrado? En realidad, no lo sabemos hasta que damos un paso adelante en la fe, e invertimos algo en la búsqueda por encontrarlo. David el salmista dijo: "<u>Prueben y vean</u> que Señor es bueno. *¡Feliz el hombre que en él confía!"* (Salmo 34:8). O probamos el gusto de algo, o nos quedamos sin conocer su sabor. Por ejemplo, no importa cuánto tiempo dediquemos a mirar una manzana, a estudiarla, incluso podemos hacer una disección y analizar su estructura molecular, ¡pero jamás sabremos qué sabor tiene si no damos un mordiscón y la probamos!

Una caja vacía no guarda relación con nada

Demasiado a menudo dedicamos nuestras energías a impartir el mero *conocimiento* acerca de la vida cristiana, porque es eso todo lo que sabemos hacer. La Biblia nos advierte acerca de los riesgos de centrar nuestro conocimiento en la *letra* de la ley, en lugar de hacerlo en el Espíritu que le da vida (ver Romanos 7:6). Si dedicamos nuestras energías a la enseñanza de la Biblia como literatura, como conjunto de ideas filosóficas y no acercamos a las personas al Dios de la Palabra, lo único que haremos será construir una linda caja de cartón, pero vacía. Las cajas vacías no guardan relación con nada, no tienen contenido.

El salmista nos ordena *"Prueben y vean que el Señor es bueno"*; por eso, no debiéramos limitarnos a catar o tomar el gusto únicamente del conocimiento intelectual acerca de la Palabra escrita de Dios. Hasta Satanás y los demonios son capaces de citar pasajes de las Escrituras, de memoria. En tiempos de Jesús, los fariseos eran conocidos en el mundo como los estudiosos más acabados de las Escrituras. Podían recitar largos pasajes del Antiguo Testamento y, sin embargo, fueron ellos quienes planearon y participaron del complot para matar a Jesús, y también intentaron destruir a la Iglesia Primitiva. Tenían conocimiento sobre la Palabra de Dios, pero la mayoría no tenía siquiera la más vaga idea acerca de los planes, propósitos y deseos del Dios de la Palabra.

> CUANDO HA PROBADO UNO EL SABOR DE LA BONDAD DEL SEÑOR, ¡YA NO PUEDE PARAR DE COMER! DEVORARÁ UNO SU PALABRA, ORARÁ Y LO ADORARÁ CON LIBERTAD Y FRUICIÓN, PORQUE AMA A DIOS

Dios se interesa en nuestra capacidad de tomarle el gusto y verlo a Él, y de *hacer* o poner en práctica su Palabra en la vida cotidiana. Cuando ha probado uno el sabor de la bondad del Señor, ¡ya no puede parar de comer! Devorará uno su palabra, orará y lo adorará con libertad y fruición, porque ama a Dios, y no porque siente que cumple con un deber religioso.

PODEMOS COSECHAR DE TODA EXPERIENCIA EN LA VIDA

En cuanto sentimos hambre de Dios y comenzamos a cavar para encontrar más conocimiento acerca de su belleza y fidelidad, encontraremos que Dios ha diseñado cada una de las experiencias de la vida para interpretar y revelar el significado más profundo de las cosas espirituales. La siguiente analogía es simple, y puede tener relación quizá con su experiencia personal:

El anuncio resuena en toda la casa, mientras afuera las hojas del otoño caen y el año escolar se inicia: "Cuando llegue el verano, en las vacaciones de junio, ¡iremos a Dizzy World!" Desde ese momento, la anticipación comienza a crecer en torno al viaje hacia el reino del roedor, ubicado en un ambiente de lujo tropical.

Primeramente, la familia inicia el peregrinaje hacia las tiendas que venden todo tipo de cajitas plásticas diseñadas por los ingenieros para guardar cepillos de dientes, jabones y docenas de artículos para viaje. Luego se compra el equipaje que ha estado haciendo falta durante los últimos cinco años.

Quizá un mes antes del día "DW", se empaca todo (incluyendo la nueva ropa interior que Mamá insistió en comprar, solo para este viaje, como si alguien fuera a enterarse). Se lava el automóvil, la casa rodante, la camioneta o el vehículo elegido para el transporte. También se lustra hasta que quede como nuevo.

La anticipación alcanza un grado febril hasta que llega el momento de cargar todo en el vehículo, se cuentan las cabezas y se mira por última vez hacia atrás, mientras se inicia el viaje de la tan anhelada vacación en el lugar favorito de toda la familia.

Cuando la aventura comienza en verdad, no puede uno esperar hasta llegar allí. Solo para hacer que la agonía dure un poco más, se hacen numerosas paradas en tiendas junto a la ruta, para comprar maníes, dulces o juegos para entretenerse en el vehículo. Los detalles no importan, porque es el gozo del viaje, de hacer lo que durante meses solo era un sueño, lo que nos impulsa hasta la emoción extrema.

Cuando finalmente se llega al hotel, apenas pueden esperar los integrantes de la familia para salir a explorar –especialmente si se alojan en el "Hotel Aqua Fun"–. Salen todos corriendo de la habitación para explorar el salón de estar, y para probar los aparatos del gimnasio. La mayoría de las veces, será esta la única vez en que se visite ese lugar. Uno quiere verlo todo –aún si se es un niño de 35 a 55 años de edad– y eso que todavía no se ha visitado el parque temático.

Cuando finalmente se llega frente al portón de entrada, uno se da cuenta que no estaba preparado para un día tan caluroso y húmedo, habitual en la zona sur. Si todo va para peor, sucederá que los niños tienen apenas la edad requerida para poder disfrutar de los juegos, por lo que se pasará uno doce horas haciendo filas para que puedan subir a unos tres o cuatro, de los más populares y concurridos. Y todo esto, a un costo muy elevado en dinero.

Finalmente, al llegar molidos de cansancio de vuelta al hotel, se preguntará uno por qué ha gastado cientos de dólares para llegar a la conclusión de que se sienten todos desilusionados. Allí le asalta la idea: "Todo se veía mucho mejor cuando estábamos preparando y anticipando el viaje".

Aún estos fiascos familiares pueden servir como sutiles recordatorios que nos manda el Señor, para mostrarnos que el viaje puede llegar a ser tan divertido como el destino, especialmente si el resultado final de llegar allí es de gozo. En casi todo lo que hacemos, el viaje puede resultar mucho mejor que el destino.

En nuestro viaje espiritual en Cristo, olvidamos a menudo que Él está interesado especialmente en la pasión de nuestra preparación, en la anticipación.

Todo destino sobre la Tierra contiene cierta medida de desilusión

El Dizzy World de la historia relatada, no es el cielo. Este destino ficticio, representa a todos los destinos sobre la Tierra, porque contiene una cierta medida de desilusión, simplemente a causa de que no existe la perfección en el reino terrenal.

Nuestra unión en el reino celestial, sin embargo, es la consumación de la gran boda entre Jesús, el esposo, y la Esposa del Cordero, la Iglesia. Cuando nos unamos con el Señor en el cielo, Él será la concreción final y la perfección más acabada de todo lo que esperamos de Él, y más aún.

A pesar de las obvias diferencias entre los viajes terrenales y nuestro viaje al corazón de Dios, el principio de la anticipación es el mismo. Cuando nos preparamos para un viaje, a menudo salimos a comprar cosas que en realidad no necesitamos ¿Es esto una pérdida de tiempo? Quizá, pero es parte natural de la anticipación, del proceso de preparación.

Parece que la Iglesia ha perdido algo en el camino de la anticipación y la realidad de soportar una cantidad de experiencias sin gozo, inmersas en la húmeda y sofocante atmósfera de la carne. Me pregunto cuántos de nosotros miramos hacia atrás y vemos solo una vida vivida en ansiosa espera por el gozo prometido en los titulares, *y que nunca llegó*. Sabemos que Dios no es el problema, por lo que la respuesta debe estar de nuestro lado de la ecuación. Hace dos o tres generaciones, la gente solía cantar acerca del cielo. Les entusiasmaba llegar allí, porque anticipaban con ansias el momento de ver al Señor cara a cara. Las canciones reflejaban sus profundos deseos por unirte a Dios, y les quemaba la pasión por llegar al lugar en que pudieran ver al Rey.

Pero en algún lugar del camino, nuestro foco parece haber cambiado, para mirar hacia abajo. ¿Es que, gradualmente, nos hemos vuelto más preocupados por las casas, los automóviles, los lujos y la acumulación de cosas materiales, más que por las prioridades bíblicas? Sabemos que Dios se deleita en bendecir a sus hijos, y también sabemos que si enfocamos nuestra visión exclusivamente en el cielo, sin hacer nada por promover el reino de Dios en la Tierra, habremos errado.

¿Qué es lo que necesitamos los cristianos para ser felices? ¿Enfocamos nuestra atención en hacer las cosas de Dios, mientras también disfrutamos de sus bendiciones, o estamos concentrados en las bendiciones de Dios mientras intentamos a la vez recordar cada tanto las cosas de Dios?

Las cosas materiales y el estatus jamás llenarán el vacío

Creo firmemente que Dios quiere bendecirnos aquí y ahora. Pero también estoy convencido de que Él nunca nos bendice a costa de nuestra pasión por Él, o por lo que Pablo llamó nuestro *"feliz cumplimiento de nuestra esperanza: el regreso glorioso de nuestro gran*

Dios y Salvador Jesucristo" (Tito 2:13). Podemos con seguridad afirmar que nunca debemos permitir que nuestra búsqueda de Dios se vea impedida por las cosas materiales y el estatus.

Hay personas que se impacientan con quienes dicen tener hambre de Dios. Sienten que toda conversación sobre la anticipación y el gozo en la vida cristiana, se debe únicamente a un exceso de emocionalidad. Dirán: "Obtuve el máximo que podía de Dios, cuando recibí a Cristo como Salvador".

Evidentemente, Jesús sabe algo que nosotros desconocemos acerca de la naturaleza humana, porque Él nos da tareas diarias para el alma. Nos dice que nos neguemos a nosotros mismos cada día, que tomemos nuestra cruz y lo sigamos (ver Lucas 9:23). Estoy convencido de que debemos negarnos a nosotros mismos para poder recibir más de *su* carácter y naturaleza, y crecer en Él. En otros pasajes, la Biblia nos dice que somos cambiados a su imagen *"porque cada vez tenemos más de su gloria"* (2 Corintios 3:18).

DIOS ENTRA EN NUESTRA CASA SOLO POR INVITACIÓN

Cuando Dios entra en la "casa" de nuestra alma, no quita todo lo que hay dentro de este lugar. Entra en nuestra casa, pasa por la puerta del frente, pero solo si es invitado. Instantáneamente somos salvados por su gracia y destinados al cielo a partir de ese momento, pero seguimos teniendo cosas dentro de las habitaciones de la casa, que probablemente no le agraden.

El problema es que Dios insiste en ir husmeando por todas las habitaciones. Él ya *sabe* lo que hay dentro, pero nos sigue el juego para dejarnos *elegir* si queremos liberarnos o no. Podría decir:

Sabes, podría darte mucha más paz si quitáramos de en medio esa gran caja llena de odio. ¿Querrás quitar ese armario lleno de celos? Oh, y no olvides la caja de ofensas que está escondida al fondo del guardarropas en el dormitorio.

Dios muchas veces lleva a cabo estas tareas de limpieza en la casa, mientras lo adoramos. Sabemos que algo pasa, cuando adoramos al Señor y comenzamos a sentir que nos damos la cabeza contra un muro de resistencia que obstaculiza nuestro avance. En ese punto, sentiremos la convicción del Espíritu Santo.

Dios jamás trae condena

Hay una gran diferencia entre la convicción y la condena. La convicción dice "Tú puedes", al tiempo que la condena afirma "Jamás lo harás". Son diametralmente opuestas y, desafortunadamente, hay muchas personas que funcionan más condicionadas por la condena que por la convicción.

Dios trabaja solo por medio de la convicción. Jamás trae la condena sobre sus hijos. El Espíritu Santo nos libera del pecado diciendo: "¿Sabes una cosa? Necesitamos librarnos de esto. ¿Te parece bien que lo quite?" Nada sucede a menos que –y hasta tanto– le pidamos a Él que lo haga. "Sí, por favor muéstrame qué cosas te desagradan y quítalas". Dios continuamente trabaja dentro de nosotros, para conformarnos a la imagen de su Hijo, y lo hace progresivamente en su infinita sabiduría.

Cuando decimos: "No necesito más de Dios", en realidad decimos: "Estoy completo, pleno". La salvación nos ayuda a liberarnos de esta actitud en tanto comienza el viaje sobrenatural a la culminación y la plenitud, en tanto nos libera de la oscuridad y nos deposita en el Reino de luz, por medio de la fe. El camino a la perfección será consumado únicamente cuando lo veamos a Él y estemos ante su presencia, sea mediante la muerte o mediante su regreso. Hasta entonces, debemos continuar corriendo la carrera (ver Hebreos 12:1).

La felicidad y el gozo no son la misma cosa

El gozo es la clave del viaje. ¿Alguna vez ha visto a alguien que parece carecer siquiera de un atisbo de gozo en su rostro? Su expresión severa, y el ceño fruncido por lo general hacen que se destaque en medio de la multitud.

La religión nos dice que debemos ser serios cuando adoramos a Dios, pero Dios jamás nos dijo eso. Sí, hay muchas personas que parecen haber perdido el respeto al Señor; pero la Biblia dice: *"Me mostrarás el camino de la vida. Hay gran alegría en tu presencia; hay dicha eterna junto a ti"* (Salmo 16:11).

La Palabra de Dios dice que *"la alegría del Señor es nuestro refugio"* (Nehemías 8:10). Muchos somos los que basamos nuestro gozo en la emoción y en las circunstancias externas, en lugar de la sabiduría o los hechos. El gozo del mundo es efímero en el mejor de los casos, y sería más acertado describir este estado mundano como felicidad. La felicidad y el gozo no son la misma cosa.

La felicidad humana –aparte del gozo– a menudo se ve ensombrecida como si alguien "oscuro y misterioso" nos robara la felicidad.

Si esto es verdad, entonces ¿de qué sirve un cristiano sin gozo? ¿Por qué hay personas que parecen perder su gozo a medida que pasan los años? ¿Es esto la perfecta voluntad de Dios, o simplemente un subproducto de patrones de conducta humanos y no bíblicos?

Muchos cristianos se ven y actúan como si el "gozo" fuera un concepto ajeno a ellos, pero la Biblia dice:

"Ustedes aman a Jesucristo, aunque no lo han visto; y ahora, creyendo en él sin haberlo visto, se alegran con una alegría tan grande y gloriosa que no pueden expresarla con

palabras, porque están alcanzando la meta de su fe, que es la salvación" (1 Pedro 1:8).

El gozo no es la mera ausencia de los problemas, dificultades o pruebas. El gozo emerge de nuestro entendimiento acerca de que disfrutamos de una relación mutua con Dios Todopoderoso, y que todo obrará para bien porque somos uno con Él. Si no adoramos al Señor, es virtualmente imposible entrar en ese secreto lugar de íntima relación en que puede uno refugiarse con el Señor. Y si no podemos entrar en el lugar de íntima relación con el Señor, no podremos establecer una comunicación entre nuestro espíritu y el Espíritu de Dios.

Pablo lo dijo de la siguiente manera:

Por lo tanto, ya que ustedes han sido resucitados con Cristo, busquen las cosas del cielo, donde Cristo está sentado a la derecha de Dios. Piensen en las cosas del cielo, no en las de la tierra. Pues ustedes murieron, y Dios les tiene reservado el vivir con Cristo. Cristo mismo es la vida de ustedes. Cuando él aparezca, ustedes también aparecerán con él llenos de gloria (Colosenses 3:1-4).

Todo lo que rompa o impida nuestra relación con Dios, se robará nuestro gozo. Satanás es muy eficaz en su tarea de causar distracción y desvío. Su treta favorita, la más efectiva, es la de mantenernos ocupados con tantas cosas –aún cosas buenas– que no llegamos a reconectarnos con nuestra fuente de energía celestial.

Jesús se refirió a estas distracciones cuando dijo: *"Los negocios de esta vida les preocupan demasiado, y el amor por las riquezas los engañan"* (Mateo 13:22), y el autor de la carta a los Hebreos las llamó *"todo lo que nos estorba y el pecado que nos enreda"* (12:1).

INTENTAMOS FUNCIONAR CON LOS VAPORES DE LA RELIGIÓN

Demasiados cristianos parecen estar funcionando con el tanque vacío, intentan seguir adelante solo con los vapores de la religión. Para florecer, las relaciones necesitan de mantenimiento y cuidadosa inversión de tiempo y atención personal. La relación más importante que jamás pueda tener, es su relación con Dios. ¿Ha sido negligente respecto de su relación y compañerismo con Él?

¿Ha permitido que las distracciones aparten su amor por Él hacia el fondo más recóndito en su vida? Debemos preservar y resguardar aquello que es más precioso para nosotros. Si alimentamos nuestra relación con Él –que es nuestra vida– Él nos preservará y protegerá, sin importar qué suceda, ni con qué nos encontremos a lo largo de esta vida.

Tengo una querida amiga que trabajó conmigo hace ya muchos años. Creció en el Medio Oeste, donde conoció y contrajo matrimonio con un músico muy buen parecido, cuando ella era aún una inocente adolescente. Necesitó muchos años, luego de tener dos hijos y pasar por situaciones dolorosas y confusas, para finalmente descubrir que su esposo tenía cierta inclinación hacia la homosexualidad. Ella no comprendía del todo lo que era la homosexualidad. Mi amiga dijo que este hombre era uno de los mejores sobre la Tierra; y él la amaba de verdad, pero tenía esa debilidad.

Muy pocas personas hablaban sobre la homosexualidad en ese entonces

"Cuando me embaracé con mi primer hijo –recordaba– él en verdad pensó que eso arreglaría su problema". Muy pocas personas hablaban sobre la homosexualidad en esos días, y aún menos personas comprendían cómo el poder de la cruz y la sangre de Jesús podía traer total liberación de la esclavitud demoníaca, que son las adicciones sexuales.

Nació su primer hijo, pero las batallas del marido continuaban. Unos años más tarde, tuvieron una hija, pero nuevamente el nacimiento de la niña no pudo ayudarle. Afortunadamente, a pesar de sus continuas batallas, el marido de mi amiga era un padre maravilloso.

Muchos años más tarde, mi amiga cayó en la cuenta de que su marido estaba perdiendo la batalla, gravemente, porque se ausentaba durante horas, y ofrecía luego las más débiles excusas. El saber que el hombre con quien había compartido la mayor parte de su vida estaba alejándose de ella, rompió el corazón de mi amiga.

"Había épocas en las que aparentaba haberse liberado de esto —me dijo—. Amaba al Señor, pero pasaba temporadas de intensa lucha, y no había nadie en el círculo de cristianos con quien pudiera hablar sobre su problema en ese entonces."

El hombre dijo que el marido de mi amiga había nacido homosexual

El golpe final sobrevino cuando la familia se mudó a California. El marido de mi amiga conoció a un hombre que lo convenció de que había nacido homosexual. Insistía con la mentirosa creencia de que jamás se liberaría de la homosexualidad, porque era el modo en que Dios lo había creado. El hombre le dijo al marido de mi amiga que no había sentido en luchar contra la voluntad de Dios, por lo que más le convendría era sucumbir.

Ese hombre finalmente convenció al marido de mi amiga para que abandonara a su esposa, a su hijo y a su hija. Ella le rogó que se quedara. "Eres un hombre tan maravilloso, un padre tan bueno, quédate y trabajemos juntos en esto. Hazme saber cada vez que te sientas débil, y te ayudaré. Oraré contigo."

Me sorprendió sobremanera oírle relatar esto; y cuando le pregunté cómo podía seguir tan dedicada a su esposo bajo esas circunstancias, me dijo: "Lo amaba, y los niños también lo amaban".

A pesar de sus llorosos ruegos, el hombre dejó a su esposa, a su hijo de catorce años y a su hija de once. Mi amiga atravesó tiempos muy duros después de eso. Volvió a casarse demasiado temprano, con un segundo marido que también tenía muchos problemas personales sin resolver. Ella había pasado la mayor parte de su vida en el ministerio del Señor, y él provenía de un mundo diferente.

Las circunstancias de la vida se volvieron insoportables para mi amiga; y le pregunté entonces: "¿Cómo pudiste salir de todo eso?"

Me dijo: "Lindell, cuando mis hijos salían de la casa hacia la escuela, y yo me quedaba sola, adoraba al Señor. Si alguien hubiera entrado en la casa en esos momentos, habría pensado que estaba loca, *porque yo bailaba por la casa junto al Señor*".

Entienda usted que esta historia me impactó sobremanera, porque trabajábamos juntos en esos días. Ella era mi asistente en una iglesia de la localidad, *y siempre reía*.

Siempre parecía estar llena de gozo, optimista. Nunca tenía palabras negativas, y su sentido del humor era excelente. Recuerdo que solía reír mucho, y siempre encontraba motivo para estar alegre.

Cuando oí esta historia por primera vez, dije: "No puedo creer que este haya sido tu pasado".

Aprendí a entrar en un lugar con el Señor

Me dijo: "Eso es porque aprendí a entrar en un lugar con el Señor, donde Él era mi marido. Él era mi amigo, mi sanador, mi todo".

El resto de la historia es un estudio sobre la fidelidad de Dios. El hijo de mi amiga hoy lidera el servicio en una iglesia, y su primera hija camina junto al Señor. Mi amiga tuvo otro hijo y otra hija con su segundo marido, y esta segunda hija trabaja en la iglesia.

Su hijo más pequeño es aún adolescente, y pasa por ciertos momentos difíciles, pero mi amiga sigue regocijándose en el Señor. Ha aprendido que el gozo del Señor no tiene contingencias sujetas a su situación o a las circunstancias. Ha descubierto en medio del infierno, un lugar secreto del gozo en el Señor. Aprendió a entrar en el secreto refugio del Señor, por medio de la adoración íntima frente a las circunstancias más imposibles. Aprendió a comunicarse, espíritu con Espíritu, con el Señor. La Biblia dice:

> *Confía en el Señor y haz lo bueno, vive en la tierra y mantente fiel. Ama al Señor con ternura y él cumplirá tus deseos más profundos. Pon tu vida en las manos del Señor; confía en él y él vendrá en tu ayuda. Hará brillar tu rectitud y tu justicia como brilla el sol de mediodía. Guarda silencio ante el Señor; espera con paciencia a que él te ayude* (Salmo 37:3-7).

Mi amiga continuó orando por su ex marido luego de que este abandonara a su familia para vivir su vida en la homosexualidad. Cuando contrajo SIDA, se arrepintió y se volvió hacia el Señor. Mi amiga y sus hijos se mantuvieron junto a él durante sus últimos días y momentos en esta vida.

EN LAS SOMBRAS DEL INFIERNO, ELLA APRENDIÓ A ENCONTRAR EL MANANTIAL DE DIOS

Mi amiga descubrió el secreto lugar del gozo donde podía encontrar refugio y descanso en medio de las tormentas de la vida. En medio de las sombras del infierno, aprendió a encontrar el manantial de

Dios, bebía del inefable gozo. En esto consiste ser *genuinamente cristiano.*

No vivimos en un mundo color de rosa, donde todo es perfecto y donde nunca sucede nada malo. Debemos recuperar el secreto lugar del gozo en nuestras vidas. David conocía el secreto lugar del gozo. Escribió: *"Hay gran alegría en tu presencia; hay dicha eterna junto a ti"* (Salmo 16:11).

No importa cuán malo parezca todo a nuestro alrededor, debemos aferrarnos a una cosa por encima de toda otra: nuestra relación íntima con el Señor. Algunos líderes cristianos están convencidos de que a lo largo de la historia, la Iglesia jamás ha sido capaz de manejar la bendición y la prosperidad.

Los dolorosos hechos que sacudieron a nuestra nación en los últimos tiempos, también han sacudido a la iglesia, y ahora volvemos a dirigir nuestros corazones hacia Dios. Es hora de redescubrir el secreto lugar del gozo en Jesús, es tiempo de anticipar la esperanza por el futuro, y ya es momento de ofrecerle al mundo no salvo un vistazo de la genuina *"alegría tan grande y gloriosa"* (1 Pedro 1:8).

CAPÍTULO 8

El foco lo es todo

Pensando en usted

Desde que era niño, siempre amé y adoré a Dios, pero una nueva pasión –que hasta ahora no había experimentado– ha revolucionado mi relación con Él, me ha llevado a un nuevo nivel. ¿Cuál es la diferencia entre el antes y el ahora? Estoy aprendiendo que *adorar a Dios es servir y seguir su corazón y su voluntad.*

Me motiva un ardiente deseo de impartir mi nueva pasión a otros. Quiero ayudar a las personas para que cambien su enfoque, para que dejen de concentrarse en sus propias vidas, en sus propias necesidades, y vuelvan su atención hacia el Rey de gloria. ¡Quisiera que las personas se fascinen con tan solo pensar en Dios!

Sospecho que muchos de los problemas en nuestras vidas y relaciones pueden rastrearse hacia el problema del *foco de atención centrado sobre nuestra propia persona.*

¿A quién ponemos *primero?* ¿Quién se beneficia más, como resultado de lo que hacemos y de cuándo lo hacemos? ¿Qué –o quién– es el foco de nuestras actividades?

La pasión humana ha producido las obras de arte más potentes de la literatura, el arte y otras expresiones artísticas que jamás se hayan creado. Pero ¿qué hay de nuestra pasión por el Señor? ¡Todo lo que necesitamos hacer es quitar el tapón! Reside dentro de todos nosotros, pero algunos necesitamos ayuda para poder descubrirla y liberarla.

Dios está por hacer algo en lo que la carne no puede glorificarse. Será soberano y santo. Ninguno de nosotros está seguro acerca de qué es lo que Dios está pronto a hacer, aunque casi todos estaremos de acuerdo en que vendrá sobre las olas de la oración y la alabanza.

Hay creciente comprensión de la oración en la iglesia moderna, pero Dios parece enseñarnos cómo orar con mayor efecto. Al mismo tiempo, vemos en nuestras iglesias un avivamiento de la adoración que requiere de constante atención y liderazgo. Se necesita supervisión para mantener esta adoración enfocada adecuadamente, y para asegurar que los líderes se mantengan alejados del papel de conductores de un entretenimiento.

¿Nota usted que estoy entusiasmado? Esto es lo que Dios me ha llamado a hacer en esta estación de mi vida: enseñar y alentar a las personas para que lleven su adoración *más allá de los límites* que se han impuesto.

DIOS DEBIERA SER NUESTRO FOCO, DESDE EL COMIENZO

No importa cuál sea el problema que emerja en nuestros servicios de adoración o en las reuniones de oración, siempre parece que la misma solución es la que marca la gran diferencia: tomar un poco de distancia y examinar todo lo hecho y dicho durante la reunión; Dios debiera haber sido el foco, desde el mismo comienzo del servicio.

La ofrenda, por ejemplo, debiera ser una extensión ungida, parte de la misma adoración. Si observamos los patrones indicados en el libro de los Hechos, ¡todo discurso en público debiera explicar lo que ha resultado de la adoración!

¿No es eso, acaso, lo que hizo Pedro cuando predicó en el primer sermón de la iglesia, el Día de Pentecostés? Los ciento veinte salieron del aposento alto y él se puso de pie ante miles de judíos para explicar el fenómeno sobrenatural ante sus ojos. "Este es el Dios que ustedes sienten. Este es su Creador, trabaja en el pueblo que Él creó. Esto es lo que sucede cuando la profecía de Joel se cumple en las vidas humanas" (ver Hechos 2).

El primer sermón evangélico que se predicó en el Nuevo Testamento, fue literalmente para explicar los signos sobrenaturales y los milagros que llovían sobre las calles del primer servicio de la Iglesia del Nuevo Testamento.

Muchos de los mensajes dados en el avivamiento de Brownsville a lo largo de los años, se refirieron a lo mismo: simplemente explicaron la obra sobrenatural de Dios en los corazones de las personas, por medio de la adoración.

Si se le pregunta a cierta cantidad de cristianos en los Estados Unidos, de qué trata el avivamiento de Brownsville, la mayoría de ellos responderá: "de almas". La visitación de Brownsville, sin embargo, se asemeja a los avivamientos históricos reales, porque primeramente hizo que muchos de los santos se corrigieran, se avivaran y se ocuparan de la cosecha.

Si el avivamiento de Pensacola no trata en primera instancia sobre las decisiones primeras respecto de recibir a Cristo como Salvador —aún cuando hay muchos que toman esa decisión allí mismo— ¿de qué trata entonces?

El avivamiento de Brownsville es realmente un cuadro que nos muestra cómo Dios derrama su amor sobre su pueblo, mientras ellos lo adoran.

LOS REZAGADOS SE LLEVAN LA MEJOR PARTE

Muchas personas no caen en la cuenta, pero los milagros, las sanaciones, liberaciones y visitaciones más potentes de Brownsville sucedieron –y siguen sucediendo– después de terminados los servicios de avivamiento. Lo milagroso comienza cuando todos los que han asistido al avivamiento, ya se han ido a casa. Lo bueno parece estar reservado para aquellos rezagados que están dispuestos a servir a Dios.

> EL FOCO DEBIERA ESTAR SOBRE EL HOMBRE EN LA CRUZ, Y NO SOBRE EL HOMBRE QUE ESTÁ SOBRE EL ESCENARIO.

La capacidad de servir al Señor con un foco de atención sin distracción, es un arte casi olvidado en la Iglesia. Las personas no saben cómo hacerlo, o por qué debieran hacerlo. Muchos de los que saben cómo hacerlo, no se ocupan, porque no es conveniente, o porque no está en sintonía con las tendencias religiosas modernas.

Perdónenme si mi pasión es demasiado evidente, pero mientras estamos aquí en los Estados Unidos, sentados sobre bancos acolchados, dentro de edificios con aire acondicionados y nos quejamos acerca de cómo va el mundo, hay musulmanes devotos en todo el mundo que con gusto gastarían los ahorros de toda su vida para costearse una peregrinación a La Meca. Nos quejamos sobre la temperatura en la habitación, y algunos líderes recurren a todo tipo de trucos para mantener a la gente interesada en esto que llamamos iglesia. Al mismo tiempo, los musulmanes del mundo, fiel y públicamente, se inclinan y rezan a su dios, de rodillas, tres o cuatro veces al día, estén en su casa o en un mercado, lejos de su país. Con gusto se someten a disciplinas dolorosas en nombre de la santidad.

Cuando salgo de algunas reuniones de avivamiento en distintas localidades de la nación, a menudo oigo a algunas personas que comentan: "Oh, ¿verdad que fue esta una reunión maravillosa?" Demasiado a menudo, lo único que veo en estas reuniones, es a un actor sobre el escenario, que menea un micrófono y que actúa frente al público, supuestamente haciendo algo milagroso. Estos espectáculos se verían mejor quizá en Las Vegas, que en una reunión de adoración o avivamiento. ¿Por qué? Porque el foco está sobre el hombre parado sobre el escenario, en lugar de estarlo sobre el hombre que derramó su sangre en la cruz.

Mi espíritu me urge. Las falsas religiones de este mundo atraen a millones de almas hacia sus telarañas por medio de la persuasión, la compulsión o la fuerza, mientras nosotros seguimos sentados en nuestras iglesias, comportándonos como si la cosecha ya hubiera sido recogida.

El mundo busca la marca de la cristiandad que respalde su fe con convicción inclaudicable, con amor inmortal y con la sangre del martirio, si fuera necesario.

Muchos parecen estar decididos a circunscribir a Dios a las reuniones del domingo por la mañana, reuniones cuidadosamente orquestadas para quedar dentro de los límites políticamente correctos de la religión más aceptada y popular. El servicio ideal podría comenzar con un segmento de adoración ya pautado, ensayado y ejecutado, de veinte minutos de duración, calculado para levantar el ánimo, pero no para ir mucho más allá. El llamado al altar se evita por lo general, pero si se hace debe ser rápido, porque si el servicio se extiende más allá de mediodía, es probable que la gente no vuelva el domingo siguiente.

Compare esto con cualquier reunión de adoración en la Biblia. ¡No existe! Debemos asegurarnos que el todopoderoso dólar no se convierta en el foco último de nuestros servicios y actividades en la iglesia. A veces las decisiones pueden verse modificadas o afectadas, si se les recuerda a los pastores, los líderes y los músicos que el *pueblo* es quien paga sus salarios. Está implícito entonces el hecho de que si el pueblo no es complacido, los líderes no recibirán su paga. Siempre debiéramos preguntar: "¿Y qué hay de Dios? ¿Qué hay de *complacerlo primero a Él?*"

LOS PARÁMETROS DE LA ORACIÓN YA CASI HAN DESAPARECIDO

En tanto se miden los parámetros de la actuación, los de la oración ya casi han desaparecido en muchas de las iglesias de los Estados Unidos. La creciente popularidad de la música religiosa contemporánea ha dado como resultado estos parámetros de medición de la actuación, y esto hace que muchas iglesias contraten músicos –cristianos, hindúes, musulmanes o ateos– para que las actuaciones sean impecables.

> SI DIOS NO RECIBE ATENCIÓN EXCLUSIVA DESDE EL PRINCIPIO Y HASTA EL FINAL, NO ESTAREMOS ADORÁNDOLO.

Nuestro compromiso con la excelencia, a menudo significa que contratamos músicos pagos, que se sientan ante los ojos del rebaño de Dios para interpretar música a cambio de su paga. Si no se les pagara, no estarían allí.

Dios mismo es el único foco indicado para los cristianos en adoración. Si Dios no *recibe atención exclusiva* desde el principio y hasta el final, no estaremos adorándolo. Debemos estar más interesados en Él que en nosotros mismos. ¿Cuál es su deseo, su propósito? ¿Qué podemos hacer para bendecirlo y complacerlo? Queremos tener una relación beneficiosa con Dios. Queremos que salve a nuestros seres amados, que sane a nuestra nación y traiga un poderoso reavivamiento sobre el mundo, incluso a millones en su Reino. Pero ¿nos hemos negado a reconocer que Dios podría ser más grande que nuestra cajita religiosa? ¿Estamos retaceando algo, por temor a que haga algo demasiado sobrenatural, que no podamos explicar?

NOS COMPORTAMOS COMO SI LA BIBLIA FUERA UNA COLECCIÓN DE MITOS

Hay ejemplos sobresalientes de la intervención sobrenatural de Dios en la Tierra, en casi todos los libros de la Biblia y, sin embargo nos cuesta creer que Dios sigue siendo sobrenatural ¿Qué es lo que decimos a quienes no son salvos, mediante nuestras acciones?

Lo que decimos y hacemos en público, ¿prueba que la Biblia es el registro atemporal de los hechos y la persona de nuestro Creador? ¿O confirman la mentira del enemigo que dice que la Biblia es una colección de mitos sagrados, o de santos cuentos de hadas?

Pablo le dijo a Timoteo: *"Así pues, quiero que los hombres oren en todas partes, y que eleven sus manos a Dios con pureza de corazón y sin enojos ni discusiones"* (1 Timoteo 2:8).

A veces me pregunto si solo levantamos *una* mano para ofrecer adoración y alabanza a Dios, porque la otra sujeta cosas que sabemos no son de su agrado. Quizá no dejamos ir estas cosas porque son ellas las que nos tienen aferrados.

Si nos enamoráramos locamente de Jesús, el pecado y las cosas oscuras de la vida no podrían adueñarse de nuestro afecto, porque ya ni siquiera nos interesarían.

Desdichadamente, no puede uno enamorarse de Él simplemente acercándose a un altar, o diciendo una oración –por importantes que sean estas cosas–. Uno se enamora de Él cuando cae en la cuenta de cuánto nos ama Él a nosotros. La Escritura dice: *"Nosotros amamos porque él nos amó primero"* (1 Juan 4:19).

A pesar de que he leído este versículo innumerable cantidad de veces en mi vida, no me había dado cuenta del poder del amor de Dios, hasta que mi esposa dio a luz a nuestro primer hijo. Le dije a la enfermera-partera cristiana que la atendió en el hospital: "Oh, querida, estoy por desplomarme en el suelo. Si esto se pone difícil, lo siento, pero saldré de la sala de partos".

Durante el trabajo de parto y el parto de mi esposa, sentía yo casi los mismos dolores y malestares. Le dije a Amber: "Amor, jamás me imaginé que debieras pasar por esto. Si te veo sufrir tanto, me desplomaré. Tendrán que atenderme o llevarme afuera".

Cuando llegó el momento de la verdad, tuvimos la bendición de que una buena amiga y experimentada madre ayudara a Amber durante el trabajo de parto. ¿Qué podía yo decirle a una mujer acerca de dar a luz?

A medida que se acercaba el momento del nacimiento, repentinamente caí en la cuenta de que Amber ni siquiera me prestaba atención. Mi tarea en ese momento, simplemente consistía en estar allí, y tratar de no ser un estorbo.

¿Quiere usted ayudarlo a nacer?

Me acerqué a la enfermera-partera, y entonces descubrí, para sorpresa mía, que estaba siendo testigo de un milagro. Esto no era "algo difícil". Entonces, la enfermera-partera preguntó:

–"¿Quiere usted ayudarlo a nacer?"

–"¿Cree que podría hacerlo?" –balbuceé.

Ella sonrió y dijo:

—"Bueno, Lindell, Amber fue creada y diseñada por Dios para poder hacer esto. Podría hacerlo sin mí, sin ti, totalmente sola."

—"Es verdad", —dije entonces.

—"Ve a lavarte", —me indicó.

Luego de lavarme con cuidado y de calzarme los guantes quirúrgicos, la enfermera-partera me ayudó con suavidad a maniobrar la cabeza del bebé para que se ubicara en posición favorable para el nacimiento. Esto es mucho más que la simple rutina de cortar el cordón umbilical. En unos instantes, mi hijo estaba en mis manos.

Oí que el Señor le hablaba a mi espíritu en ese momento inolvidable: *Ahora te mostraré cuánto te amo.*

Sí que es interesante esto, pensé. Luego, me impactó ver al recién nacido en mis manos. Caí en la cuenta de que jamás habría algo que pudiera él hacer, que borrara mi amor por él. Nada. Ese momento de revelación cambió mi relación con el Señor para siempre.

UNA MOTIVACIÓN MUCHO MAYOR ENTRÓ EN MI CORAZÓN

Cuando vi cuán profundo es el amor incondicional que Dios siente por mí, decidí alejarme de todo aquello que pudiera apenarlo o que obstaculizara mi relación íntima con Él.

Seguía siendo responsable de las decisiones que tomara en mi vida, pero mi preocupación mayor cambió, de mi propia cuenta celestial, hacia el deseo de amor de mi Salvador. Quería vivir en santidad porque lo amaba, y no meramente porque lo temía, a Él y a sus estrictos parámetros de rectitudes.

Dios está a punto de derramar divinamente su Espíritu en mayor medida sobre aquellos que quieren más de Él. Cuando esto sucede, nos da —además— amor sobrenatural por las demás personas. Estoy convencido de que será similar en intensidad al amor que siento por mis propios hijos.

> **EL AMOR GENUINO DESARMA AÚN A LA PERSONA MÁS MALVADA Y MÁS PROFANA. NO HAY DEFENSA EN CONTRA DE ESTE AMOR.**

Cuando ese tipo de amor comienza a fluir desde nosotros hacia el mundo, veremos los cambios por los que hemos orado. Jesús dijo que el mundo nos reconocería por el amor que tenemos los unos por los otros (ver Juan 13:35). Es tiempo de mostrarle al mundo el único signo verdadero que anuncia la genuina presencia de Dios: el amor.

La Biblia dice: *"Si alguno dice: 'Yo amo a Dios', y al mismo tiempo odia a su hermano, es un mentiroso. Pues si uno no ama a su hermano, a quien ve, tampoco puede amar a Dios, a quien no ve"* (1 Juan 4:20).

Amar lo "inamable", sobrenaturalmente

Si nos rendimos ante el Espíritu Santo, el amor de Dios nos inspirará y dará fuerzas para orar, predicar, alentar y servir hasta que los perdidos sean salvos y los pródigos vuelvan una vez más a casa.

Cuando comencemos a amar sobrenaturalmente a lo "inamable", creo que sobrevendrá una ola divina de gloria y poder en la Iglesia. Cuando la carga sobrenatural del Señor por lo perdidos llene nuestros corazones, entonces todas nuestras iglesias juntas serán incapaces de recoger aún una fracción de la cosecha producida por este amor.

Debiéramos agradecer a Dios por el impacto del Espíritu Santo en nuestros días, y rendirnos aún más a su guía y poder. La población del mundo crece rápidamente, y la maldad crece a paso aún más acelerado.

Los Estados Unidos en algún momento era considerada como nación cristiana, pero hoy es un campo de misión extenso, para los jóvenes y los viejos, en los que solo una parte de la población conoce a Dios. A la deriva en un mar secular, sin amarras morales, la primera herramienta de cosecha ordenada por Dios es, nada más ni nada menos, que el amor sobrenatural. No hay defensa en contra de este amor. El amor genuino desarma aún a la persona más malvada y más profana. Antes de que el avivamiento descendiera sobre la Asamblea de Dios de Brownsville, las personas de allí eran excepcionales, en diversas áreas. Fervientes en la oración, diligentes en el servicio a Dios, porque la mayoría de los líderes y obreros de la iglesia eran ex-militares. Me sorprendió descubrir qué amables y dulces eran todos.

Vaya desde lo bueno a lo sobrenaturalmente ungido

Sin embargo, cuando llegó la gloria de Dios, las personas de la Asamblea de Brownsville fueron de lo bueno a lo sobrenaturalmente ungido. Desinteresadamente, servían por medio del amor. ¿De qué otro modo podemos explicar su disposición hacia recibir a cientos de miles de visitantes, semana tras semana, mes tras mes, año tras año? El avivamiento no los volvió hacia sí mismos, los hizo volcarse hacia los demás.

Siento que esto está por suceder en gran escala. Dios está transformándonos, cambiando lo que éramos por algo ostensiblemente diferente, nuevo, fresco. Sospecho que lo que seamos en adelante nos hará avanzar mucho hacia lo que se verá más como la verdadera Iglesia, sin manchas ni arrugas (ver Efesios 5:27).

LA IGLESIA ES UN ESPECTÁCULO DIVINO, UN FARO INCONFUNDIBLE

La Iglesia glorificada, la Iglesia pura y santa, es un espectáculo divino, un faro inconfundible, que no puede dejar de verse y que señala la presencia del Dios todopoderoso en la Tierra. ¿Estaba pensando Jesús en la Iglesia futura cuando enseñaba sobre la ladera de la colina en Judea?

Ustedes son la luz de este mundo. Una ciudad en lo alto de un cerro no puede esconderse. Ni se enciende una lámpara para ponerla bajo un cajón; antes bien, se la pone en alto para que alumbre a todos los que están en la casa. Del mismo modo, procuren ustedes que su luz brille delante de la gente, para que, viendo el bien que ustedes hacen, todos alaben a su Padre que está en el cielo" (Mateo 5:14-16).

Nunca llegaremos a ser "la luz del mundo" si el pueblo de Dios adopta una mentalidad "constructora de iglesia" o "de nosotros cuatro y nadie más". El mundo *no puede* cambiarse únicamente haciendo rotar a unos pocos millones de personas dentro del edificio de una iglesia. Dios está haciendo algo nuevo en esta generación.

Aún cuando el favor de Dios ha reposado sobre la Asamblea de Dios de Brownsville durante cierta cantidad de años, *nuestra ciudad sigue necesitando a Jesús*. Se han salvado y convertido muchos, pero hay *muchos más* que no lo han hecho.

Soy músico, no matemático, pero sé positivamente que es matemáticamente imposible que las relativamente pocas iglesias existentes en el mundo puedan servir a la cantidad de nuevos conversos que llegarán ante Jesús si la enorme cosecha, la mayor de todos los tiempos, comenzara a ocurrir hoy.

Jesús y los apóstoles que siguieron sus pasos, jamás limitaron su ministerio al espacio contenido por cuatro paredes. Sí, predicaban en casas de adoración, pero su mayor ministerio se llevaba a cabo en lugares al aire libre, o donde fuera que pudieran reunirse las personas. Por ejemplo, en mercados, laderas de montaña, a la orilla de los lagos, sobre la Colina de Marte, en las calle, en el campo, etc.

NECESITAMOS ALGO QUE NOS HAGA SALTAR DE NUESTROS ASIENTOS

Cada vez más creyentes sienten que necesitamos algo que nos haga saltar de nuestros asientos en las iglesias. Esto lo conseguirá únicamente el poder sobrenatural de Dios, y llegará solo en el momento en que Dios lo decida. Quizá necesitemos todos una revelación del amor, del tipo que experimenté cuando nacieron mis hijos. Dios ama a los pecadores, lo sabemos porque Él lo dice en su palabra. Describió la primera etapa esencial de su estrategia en el Evangelio de Juan:

> *Pues Dios amó tanto al mundo, que dio a su Hijo único, para que todo aquel que cree en él no muera, sino que tenga vida eterna. Porque Dios no envió a su Hijo al mundo para condenar al mundo, sino para salvarlo por medio de él* (3:16-17).

La mayoría de nosotros no estamos preparados para la realidad de la segunda etapa de Dios en su estrategia. Jesús lo dijo de esta manera, en la oración sumo sacerdotal al Padre, antes de su crucifixión:

> *Como me enviaste a mí entre los que son del mundo, <u>también yo los envío</u> a ellos entre los que son del mundo. Y por causa de ellos me consagro a mí mismo, para que también ellos sean consagrados por medio de la verdad. No te ruego solamente por estos, sino también por los que han de creer en mí al oír el mensaje de ellos. Te pido que todos ellos estén unidos; que como tú, Padre, estás en mí y yo en ti, también ellos estén en nosotros, para que el mundo crea que tú me enviaste. <u>Les he dado la misma gloria que tú me diste, para que sean una sola cosa, así como tú y yo somos una sola cosa</u>: yo en ellos y tú en mí, para que lleguen a ser*

perfectamente uno, y que así el mundo pueda darse cuenta de que tú me enviaste, y que los amas como me amas a mí (Juan 17:18-23).

¿Somos el eslabón perdido?

Nuestro trabajo consiste en continuar el trabajo de Jesús en la Tierra, como parte del Cuerpo de Dios, que tiene muchos miembros. Nuestra primera tendencia es la de dejar la evangelización y el testimonio a los clérigos profesionales, que por lo general ya tienen demasiado trabajo.

¿Y si usted y yo fuéramos los *eslabones perdidos* en la cadena de salvación de Dios? El único modo de movilizar instantáneamente a un ejército de salvación será el de experimentar un bautismo del amor de Dios.

Escribí este libro con la esperanza de que ayude a más personas a enamorarse de Dios. En generaciones pasadas, los hombres y las mujeres solían llorar durante días, luego de oír la historia de Jesucristo por primera vez. Si lee usted la historia del cristianismo, verá que este arrepentimiento acompañado de pena, comenzó luego de que las personas cayeran en la cuenta de cuán seriamente habían violado las leyes de Dios, de cuánto habían apenado su corazón.

Sabemos esto: no podemos cumplir con la voluntad de Dios en esta generación únicamente a través de los púlpitos y las iglesias de los Estados Unidos. La tarea es demasiado grande, y nuestra capacidad demasiado pequeña.

Esta es la era de la *evangelización personal basada en el amor*. Las motivaciones del deber y la culpa son inaceptables, demasiado débiles como para sostener esta tarea; desdichadamente, son estas el producto más común resultante de los programas diseñados por los humanos, para ser implementados en las iglesias. Respeto mucho a los hombres y mujeres devotos que han escrito libros destinados a enseñar a las personas a evangelizar casa por casa, con un evangelio de confrontación con el estilo de vida que cada uno lleva, pero pienso que el amor ofrece una ruta más directa al corazón, mucho mejor.

EL AMOR ES EL MEJOR CAMINO

Es más fácil para mí estar de pie frente a miles de personas, y predicar o liderar el servicio de adoración, en lugar de hablar con una sola persona acerca de Jesucristo. A pesar de ello, estoy convencido de que la relación personal que brota del amor y el afecto genuinos, es el mejor camino para presentar a Jesús ante quienes aún no son salvos.

Mi familia vivía en el campo, en las afueras de Pensacola. Teníamos dos vecinos: uno al fondo de nuestra propiedad, y otro frente a nosotros, del otro lado de la ruta. A ambos lados, vivían otras dos familias.

No fuimos en medio de la noche a golpear sus puertas, para imponerles un texto del evangelio ante los ojos. En lugar de esto, decidimos visitarlos y bendecirlos con pasteles, tortas u hogazas de pan recién horneadas. Cuando nos presentamos como vecinos suyos y les dimos nuestro regalo, les dimos también una tarjeta con nuestro número de teléfono. La tarjeta decía "Estamos aquí si nos necesitan".

¿Y qué hay de usted? ¿Se anima a invitar a su vecino a tomar café a su casa, o a compartir una comida? Solo dígale: "Somos vecinos. ¿Qué mejor que encontrarnos y sentarnos a conversar mientras compartimos un almuerzo o un pocillo de café?"

A medida que pasen las horas, dígales a sus nuevos conocidos. "¿Saben una cosa? Creemos en el poder de la oración. Si hay algo en su vida en lo que necesite ayuda, avísenos para que podamos orar por usted". No necesita hacer una gran producción, ni intentar una estrategia de venta; solo diga: "Nos gustaría incluirle en nuestras oraciones, si usted lo permite".

Pocas personas rechazarán su oferta de oración

Con el clima incierto de violencia y cambios que envuelve hoy al mundo, ¡la mayoría de las personas se alegrarán de tener a alguien que ore por ellos! Honestamente, muy pocas personas rechazarán su oferta. Quizá no quieran que imponga sus manos sobre ellos en ese momento, pero cuando les diga que está orando, estará abriendo una puerta de oportunidad. Cultive esa amistad *por afecto a ellos*, y no porque siente que necesita anotarse un tanto en su carrera evangelizadora. Llegará el día en que su vecino lo llame porque necesita ayuda, y entonces será usted el amigo sincero que ha esperado desde siempre.

Algunos cristianos se mezclan tan bien en el mundo, que se necesita una acción realmente abierta de su parte para poder asociarlos con el reino de Dios. El amor debiera hacer que nos destacáramos siempre. Debo preguntarme: *"¿Conozco en verdad a mis vecinos, a mi prójimo? ¿Tengo acaso idea de los desafíos que deben enfrentar cada día?*

Cuando se haya enamorado usted del Señor y acoja en su corazón todo aquello que a Él le agrada, será imposible no dar a conocer el amor de Dios a los demás. Cuando se entra en presencia de Dios, su compasión lo sobrecogerá. Comenzará a amar las mismas cosas –y a las personas– que Dios ama.

VINIERON AL AVIVAMIENTO POR ELLOS MISMOS

Estoy convencido de que muchas de las personas que ha visitado el reavivamiento de Brownsville, amaban a Dios, creían en su Palabra y vivían vidas relativamente devotas, aunque muchos vinieran probablemente *por ellos mismos*. Querían vivir la experiencia de la bendición que representa la presencia de Dios.

Por otro lado, también creo que muchos de ellos experimentaron lo mismo que yo. Lo que el reavivamiento hizo por mí fue *cambiar mi foco de atención.* Antes del reavivamiento, yo vivía mayormente con la atención concentrada sobre *mí mismo.* Pero cuando encontré la presencia manifiesta de Dios en el avivamiento, comencé a observar que mis necesidades no eran supremas, y que ni siquiera mi ministerio era tan importante como creía. Mi llamamiento no fue lo que más marcó mi vida. Lo que sí marcó la mayor diferencia, fue el corazón del Señor y mi ministerio hacia Él. Entonces supe que Dios quería que estrechara nuestra relación. Quería estar en todos los aspectos de mi vida. Quería estar en medio de todo, y no que lo empujara a un recóndito lugar solo en los alrededores.

El Señor también quiere que haga conocer el gozo de mi relación a otras personas. El único modo en que usted y yo podremos ganar al mundo que nos rodea es el de llevar la luz de Dios más allá de las cuatro paredes de nuestras casas y lugares de reunión, hacia el mundo exterior que nos rodea.

SUS PRIORIDADES PERSONALES SE ALINEARÁN EN EL ORDEN CORRECTO

Es tiempo de que volvamos a concentrar nuestra atención en Jesucristo. Una vez que nos centramos firmemente en Él –la Roca– todas nuestras prioridades personales se alinearán en el orden correcto. Nuestra vida como iglesia también tendrá un nuevo foco de atención, porque en su presencia la adoración sincera tendrá un lugar diferente, nuevo, y el *amor* surgirá espontáneamente.

El hecho de concentrar la atención en Jesucristo produce un crecimiento en progresión geométrica de la Iglesia, porque finalmente Él tendrá la oportunidad de atraer a todos los hombres hacia sí, como lo prometió en Juan 12:32. Por dondequiera que andemos, debemos esparcir la fragancia de Cristo, porque estamos llenos de su Espíritu, y exudamos su amor por la humanidad.

Esta es la estación del nuevo enfoque, en preparación para la gran cosecha. La vida ya no puede avanzar con paso pesado, como sucedía antes: Dios responde a quienes lo buscan con todo el corazón. Busque a Dios y concentre su atención y su afecto en el Señor. Adórelo en espíritu y en verdad, y prepárese para la divina respuesta que hará estremecer su mundo. También su testimonio ante el mundo cambiará. Y todo esto, comienza con solo pensar en Él.

CAPÍTULO 9

Lucifer y el orgullo

Comprendamos la raíz de la oposición satánica

Nuestra tarea más importante consiste en amar y obedecer a Dios, y en buscar su presencia, pero esto simplemente no les parece natural a algunos cristianos. Muchos debemos admitir que no hacemos esto del todo bien.

¿Por qué? Algunos dirán que esto se retrotrae a nuestra naturaleza originalmente perdida, y al imperio de la maldad en el mundo de hoy. Puede ser que tengan razón, pero estoy convencido de que la raíz primaria del problema no es la condición de perdidos, ni la condición de nuestra existencia; la razón es un ángel caído. Satanás era conocido como Lucifer, el *"lucero del amanecer"* (Isaías 14:12). Ezequiel el profeta, el fiel predicador a los exiliados en Babilonia, profetizó:

> *Te dejé al cuidado de un ser alado, estabas en el monte santo de Dios y caminabas entre las estrellas. Tu conducta fue perfecta desde el día en que fuiste creado hasta que apareció en ti la maldad* (28:14-15).

¡El mismo diablo es prueba absoluta de que el orgullo y la presunción pueden transformar al más grande de los seguidores de Dios en el idólatra más acabado! Dios dijo de Satanás:

> *Tu belleza te llenó de orgullo; tu esplendor echó a perder tu sabiduría. Yo te arrojé al suelo, te expuse al ridículo en presencia de los reyes* (Ezequiel 28:17).

Dios actuó instantáneamente cuando el orgullo se apoderó de Lucifer, el *"lucero del amanecer"*. Cuando Lucifer comenzó a creer en su propio comunicado de prensa, Dios hizo que sus ángeles lo echaran a él y a sus coconspiradores, fuera de los cielos. Dios también quitó a Lucifer el nombre santo que tenía, por lo que ahora lo conocemos simplemente como Satanás, el adversario, el enemigo o el diablo.

Compare y observe el contraste entre Satanás, el más grande seguidor y adorador, que cayó al abismo por causa del orgullo, con David, el adorador pastor de ovejas. Este pastor de ovejas llegó hasta las alturas del destino profético, a su puesto alto en el mundo, mediante la adoración humilde y el íntimo amor por Dios.

¿El camino de David, pavimentado con adoración, o el camino de Lucifer pavimentado con orgullo?

Hoy seguimos elevándonos o sumiéndonos en las profundidades mediante el mismo tiempo de elecciones –como creyentes que hemos nacido de nuevo– que hicieran Lucifer y David, hace tantos años. O seguimos el camino de adoración que eligió David, hacia la presencia de Dios, o tropezamos tomando el camino de Lucifer, si comenzamos a adorarnos a nosotros mismos y a nuestro modo superior de hacer las cosas.

Tanto si se es un escolta, un maestro de escuela dominical, un líder de servicio o un ministro del evangelio, debemos cuidarnos de ignorar a Satanás. Pablo advirtió a los creyentes, para que nos perdonáramos unos a otros: *"Así Satanás no se aprovechará de nosotros, pues conocemos muy bien sus malas intenciones"* (2 Corintios 2:11).

Desgraciadamente, hay muchos en la Iglesia que parecen no haber caído en la cuenta de que Satanás tiene planes, y que se esfuerza incansablemente por destruir el sueño, el plan maestro de Dios. Quizá esto explique por qué algunos nos sentimos tan sobrepasados por el ingenio del enemigo, tantas veces.

Muchas iglesias de construcción moderna, y muchos centros de oración, se asemejan a centros culturales o artísticos, con escenarios o plataformas elevados en el centro, o frente al auditorio. No hay nada malo en esto, mientras recordemos que el diablo se complace en tendernos la trampa del orgullo y la presunción.

Hay algo en el maquillaje humano que nos hace caer fácilmente en las garras del orgullo. También sucumbimos a la tentación de elevar a otras personas hasta la condición de ídolos, si encontramos en ellas algo admirable o atractivo. No está mal admirar a otras personas, mientras no las adoremos o las pongamos por delante de Dios, de su Palabra o de su Reino.

La clave está en los motivos. Por ejemplo, si el equipo que lidera el servicio viste de forma diferente a la de las personas del público, ¿ya estamos inconscientemente imitando el modo en que el mundo empaqueta y exhibe a sus ídolos y líderes? Si la respuesta es no, entonces no habrá problema. Pero si la respuesta es afirmativa, entonces ¡cuidado! ¿Debemos entonces hacer que los líderes se vistan del mismo modo que todos los demás? ¿Será mejor demoler todos esos escenarios y plataformas elevados? No creo que así sea.

Su foco de atención deberá estar únicamente centrado en Dios.

Nos mantenemos alejados de la posibilidad de cometer errores si centramos nuestra atención en Dios, y solamente en Dios. Logrado esto, sus ministros, líderes de servicio y músicos, podrán guiarlo, ¡sin importar si están vestidos con lentejuelas, con sombreros de plumas, o si están parados sobre plataformas de diez metros de alto los trescientos sesenta y cinco días del año!

Los problemas se originan cuando comenzamos a observar y fijar nuestra atención en los líderes, en los programas o en otras cosas, mucho más que en la alabanza y la atención que recibe nuestro Señor Dios.

El problema empeora, cuando un líder –cualquiera sea su función– comienza a sentir el gusto por la gloria y la alabanza que en realidad no debieran ser para él, sino para Dios. Dios declaró que no compartirá su gloria con ningún ser humano (ver 1 Corintios 1:29). Tenemos gran cantidad de recompensas y bendiciones reservadas para nosotros, y no necesitamos robarle a Dios lo que le pertenece únicamente a Él. Si alguno de nosotros quiere enorgullecerse de algo, debiera ser entonces que *"se enorgullezca del Señor"* (1 Corintios 1:31).

Orgullo intelectual

El orgullo intelectual ha causado la caída de muchos líderes de la iglesia. También puede transformar a las personas de la congregación en improductivos espectadores, embebidos de idolatría religiosa.

Dios nos creó como espíritus eternos con características intelectuales y emocionales. Tenemos la capacidad de tomar decisiones, en base únicamente en la lógica y el intelecto, pero la lógica solo ofrece conclusiones exactas cuando hay unidad de datos exactos y deliberación o albedrío honestos.

En realidad, sin embargo, aprendemos a temprana edad que si manipulamos o modificamos los datos que ingresamos en nuestro cerebro, podremos razonar de modo tal de llegar a la conclusión que deseamos, en forma total e independientemente de la lógica sincera o la pura verdad.

El Señor habla mucho acerca del orgullo en su palabra. Esto puede no suceder en su vida, pero he notado que el orgullo parece apropiarse con mayor facilidad y tenacidad cuando más alto nivel de educación y conocimientos alcanza una persona.

No digo que no debiéramos estudiar, aprender y buscar mayor conocimiento en esta vida. Pero siempre debemos cuidarnos de los planes del diablo (ver 2 Corintios 2:11). Todo incremento repentino del orgullo en nuestros corazones y nuestras mentes, es una señal de advertencia para que nos cuidemos más, y para que busquemos mayor humildad en Cristo.

NOS ENORGULLECEMOS DE LAS COSAS MÁS EXTRAÑAS

Poco tiempo antes de mi ida a Brownsville, me sentía verdaderamente orgulloso del hecho de que había leído libros muy profundos. Sinceramente, sentía yo un cierto esnobismo intelectual –aún cuando algunos digan que apenas llegaría al nivel mínimo de cociente intelectual, en comparación con los estudiosos de verdad–. Tenemos una sorprendente capacidad de enorgullecernos de las cosas más extrañas. Crecí en círculos de la iglesia reconocidos como pioneros en la restauración del trabajo sobrenatural del Espíritu Santo y de los dones sobrenaturales dados a la Iglesia –mucho antes de fueran considerados aceptables y comercializables en algunos sectores de la iglesia en el mundo–. Algunas de las personas pertenecientes a estos círculos, se sintieron molestos cuando entró en escena el movimiento de renovación carismática. No podían creer que Dios fuera a ministrar "su" experiencia pentecostal a personas de otras tradiciones, que solían despreciar el rol moderno del milagro de Pentecostés. Esto me recordaba a las quejas y protestas de los creyentes judíos cuando por primera vez se enteraron de que los gentiles habían recibido el evangelio de parte de Jesucristo.

> SE TRATA DE RECONOCER QUE TODAS AQUELLAS COSAS DE LAS QUE NOS ENORGULLECEMOS PUEDEN TENER SU LADO MALICIOSO, UN LADO MALO, Y QUE NINGUNO DE NOSOTROS ESTÁ EXENTO DE LA RESPONSABILIDAD DE HUMILLARSE A SÍ MISMO ANTE DIOS, Y ARREPENTIRSE.

Algunos de mis amigos en otra iglesia, se enorgullecían particularmente porque sentían que su grupo tenía un entendimiento único de la eucaristía y los sacramentos. Y otro grupo más, se enorgullecía de la libertad que tenían los miembros de su iglesia: los ministros predicaban vistiendo pantalón corto y sandalias, como si estuvieran en la playa.

Y hoy, algunos de mis amigos sienten el mismo desprecio por quien no conoce las maravillas de un motor V-8, de una computadora, o de la Internet. Se trata de reconocer que todas aquellas cosas de las que nos enorgullecemos pueden tener su lado malicioso, un lado malo, y que ninguno de nosotros está exento de la responsabilidad de humillarse a sí mismo ante Dios, y arrepentirse.

La humildad y la obediencia deben ser nuestras compañeras constantes, si deseamos abrir el cielo para que la gloria de Dios descienda sobre el mundo. El orgullo cerrará inmediatamente el cielo, porque le da al príncipe del poder del aire una nueva cosa de qué aferrarse para ejercer su poder sobre nosotros.

¿SE RESISTE USTED A LOS CAMBIOS EN NOMBRE DE LA CONTINUIDAD?

El orgullo puede llegar en diversas formas, algunas de las cuales son más sutiles que otras. Por ejemplo, el orgullo está allí, disfrazado y oculto, cuando las personas de una iglesia se resisten al cambio, en nombre de la continuidad. ¿Y si este cambio fuera enviado por Dios?

Cuando un líder nos alienta a quedarnos quietos y dejar que Dios haga lo que Él desea hacer durante un servicio de adoración, ¿qué es lo que nos hace mirar nuestros relojes y protestar: "Desearía que te apuraras y dejaras que hable el próximo disertante"?

Me pregunto si Dios diría que esto es orgullo y presunción de la exhibición en público.

¿Qué papel juega el orgullo en esto? Aparece en cualquier momento en que abiertamente preferimos que las cosas se hagan *a nuestro modo, y según nuestros tiempos*, por sobre los tiempos y el modo de Dios. Quizá debiéramos preguntarnos:

¿Por qué aceptó Dios a David y rechazó a Saúl? ¿Por qué aceptó la ofrenda de Abel y rechazó la de Caín? ¿Por qué encontró Noé gracia a los ojos del Señor, en tanto todas las demás familias del planeta murieron no estando en gracia? ¿Por qué fue elegido Moisés y no su hermano o su hermana, ambos mayores que él?

Según la Biblia, Dios acepta nuestros sacrificios de alabanza y adoración cuando los ofrecemos *a su manera*, y no según la nuestra. ¿Y qué nos dice respecto de esto? Dios nos ordena venir a Él a través de su hijo, Jesucristo. Nos pide que nos arrepintamos antes de recibir, que perdonemos antes de buscar el perdón para nosotros mismos, que amemos lo que nos cuesta amar, que bendigamos a quienes nos maldicen y que entreguemos nuestras vidas para que otros puedan vivir.

Mi camino, o la ruta rápida

David lo hizo a la manera de Dios; Saúl lo hizo a su manera, la propia.

Caín orgullosamente hizo una ofrenda, sin sangre, de grano que había sembrado y cosechado con sus propias manos. Abel humildemente ofreció a Dios un cordero sacrificado que predecía el más grande sacrificio que la Tierra jamás fuera a ver. Supongo que Caín mezcló orgullo en su ofrenda de granos a causa de la ira incontrolada que tenía en el corazón, que resultó en el primer homicidio en el mundo.

Dios dijo de Lucifer: *"Con la abundancia de tu comercio* (orgullo por tus propios logros, posición y capacidades) *te llenaste de violencia y de pecado..."* (Ezequiel 28:16, agregado del autor).

Todos le pedimos a Dios que haga cosas como abrir el cielo que cubre nuestras ciudades, y restaurar el gozo a nuestras vidas, pero parece que olvidamos que Él está constantemente buscando *personas que lo adoren "en espíritu y en verdad"* (Juan 4:23).

Si le pedimos a Dios que nos ayude a hacer crecer nuestras iglesias, que nuestras finanzas prosperen o a que guíe a uno de nuestros familiares hacia el arrepentimiento y la salvación, tenemos siempre la tendencia de apoyarnos en la fuerza de la carne –nuestras capacidades y recursos naturales– porque no tenemos esa presencia permanente de Dios en nuestras vidas. Necesitamos retroceder y evaluarlo todo. Necesitamos ver y hacer las cosas al modo de Dios y no a nuestra manera. ¿Tenemos en común los fundamentos básicos de la fe, representados en el Credo de los Apóstoles y en otras afirmaciones de la fe sobre la deidad, la virginidad de María, la vida sin pecado, el sacrificio gozoso y la gloriosa resurrección de Jesucristo? Si es así, ¿dónde, entonces, comienzan los problemas?

NECESITAMOS ELEGIR EL CAMINO ALTO

Algunos de nuestros problemas pueden provenir de la tendencia humana a escapar por la tangente. Jesús lo dijo de la mejor manera:

Pero Jesús le contestó: –Marta, Marta, estás preocupada y te inquietas por demasiadas cosas, pero solo una cosa es necesaria. María ha escogido la mejor parte, y nadie se la va a quitar (Lucas 10:41-42).

Como Marta en este diálogo con el Señor, ¿por qué hacemos lo que hacemos? Prácticamente todas las personas que conozco, desde los casi analfabetos hasta los mejores académicos, admitirán que hay momentos en la vida en que se preguntan: "¿En qué estaba yo pensando?" Sucede esto por lo general cuando han quedado atascados en algún "desvío" que les ha apartado del camino correcto, lejos de las cosas verdaderamente importantes de la vida.

Estoy convencido de que como cuerpo de Cristo estamos al borde de uno de esos momentos de "¿En qué estaba pensando?" Se acerca este momento porque durante varias décadas hemos estado bajo la influencia de los métodos, expectativas y pensamientos del mundo que nos rodea.

Por lo general, nuestra adoración a Dios es maravillosa en muchos aspectos, pero parece estar manchada por nuestros propios modos, de tanto en tanto. El Espíritu Santo nos llama a nuevos niveles de arrepentimiento, pureza y santidad en la fe. Sin estas cualidades, nuestras ofrendas de alabanza y adoración jamás serán completamente aceptables para Dios.

El Señor está cansado de la política en la iglesia, del orgullo humano, de la auto propaganda y las demostraciones abiertas del ego y la arrogancia –también le sucede esto a muchos cristianos–. Estas cosas ya no deben tolerarse, y ni hablar de exhibirse con orgullo en la comunidad cristiana.

Aún la prominencia, necesaria cuando se lidera un servicio o se habla en público ante una numerosa concurrencia, deberá ejercerse con cuidado. Evidentemente, tanto Jesús como Pedro y Pablo buscaban puntos elevados desde donde hablar a las multitudes en los mercados, en las laderas de las montañas y a las orillas de un lago. Jesús hizo de la barca de Pedro una especie de estrado, en Marcos 4.

La prominencia es como el poder, en el sentido de que forma a un buen siervo, pero al mismo tiempo, a un mal maestro. Porque apenas la prominencia –o la persona que la ejerce en ese momento– se exalta, y entonces comienzan los problemas. Si pudiera elegir, yo dispondría a los músicos en círculo alrededor de las personas, para que el foco central de los asistentes estuviera concentrado en Dios y no en las personas.

DEBEMOS HACER DE DIOS EL CENTRO DE TODO LO QUE HAGAMOS

La más grande de mis pasiones consiste en ver que Dios se revele a sí mismo en nuestras iglesias. Aún si Él no se revela por algún motivo, debemos continuar haciendo de Él el centro, el foco principal de todo lo que hagamos. También necesitamos recordar que Él siempre está con nosotros en Espíritu, aún en los momentos en que ni siquiera pensamos en esto.

Aprecio el enfoque coherente de la atención sobre la muerte, entierro y resurrección de Jesucristo en las iglesias litúrgicas, pero me preocupa que estos poderosos baluartes de nuestra fe, raramente aparezcan en los servicios de adoración de muchas iglesias no litúrgicas. Nuestro foco de atención principal por lo general se dirige a la música y la prédica.

No podemos manejar a voluntad nuestras propias personalidades, y Lucifer es ejemplo vívido de esto. Ninguno de nosotros está condicionado para recibir la gloria y la adoración reservada a Dios.

Podemos ser bendecidos, contar con ciertos dones, dentro de lo que es el Cuerpo de Cristo. Pero esto no quiere decir que podamos darnos el lujo de robar o compartir lo que le corresponde únicamente a Dios. Dios es el único que sabe cómo recibir y dar gloria. La única solución a esto, es que nos humillemos. Jesús dijo: *"Humíllense, pues, bajo la poderosa mano de Dios, para que él los enaltezca a su debido tiempo"* (1 Pedro 5:6).

Aún los *"veinticuatro ancianos"* en el libro del Apocalipsis, alternadamente llevaban sus coronas de oro sobre la cabeza mientras estaban sentados en sus tronos, al tiempo de caer de rodillas y arrojar sus coronas cuando estaban ante el trono de Dios (ver Apocalipsis 4:4-10).

Hoy no nos hincamos de rodillas ni llevamos nuestro rostro al suelo con mucha frecuencia, porque no es lo que se considera políticamente correcto en las iglesias modernas.

ORGULLO, CON ACENTO EN EL YO

El orgullo es insaciable. Una vez que se apodera del alma humana, el "yo" provoca una oleada de creciente arrogancia y auto importancia que amenaza con ahogar o infectar todo lo que se le acerque. Desdichadamente, el orgullo se siente muy en casa dentro de nuestras iglesias y hogares.

Reconocemos el orgullo por lo general en las personas que se ven consumidas por la continua ambición por mejorar su posición, su rango o título, para impresionar a otros. Nos afecta siempre, aún cuando se presenta en forma sutil.

¿Qué sucede en las reuniones de oración o de adoración, como promedio? ¿No nos pasamos más tiempo lustrando nuestras coronas y hablando acerca de nuestros logros, que liberándonos del orgullo para hincarnos de rodillas ante Dios en santa adoración? Hay algo santo en la acción de adorar, que la resguardará del orgullo. La alabanza y la adoración ofrecidas *"en espíritu y en verdad"* (Juan 4:23), continuamente realzan y magnifican a Dios. El magnificar al Señor no lo hace más grande; ¡hace que nosotros lo veamos más grande, desde nuestra perspectiva! Es uno de los modos más importantes en que podemos negarnos a nosotros mismos y tomar nuestra cruz para seguirlo en total entrega y amor (ver Lucas 9:23).

La adoración reafirma el señorío de Jesús por sobre todo en nuestras vidas, y nos permite ubicarnos, en calma, en el asiento trasero para que Él pueda volver a su lugar, en el asiento del conductor. Satanás sabe que la llegada de la adoración sincera marca el final del orgullo humano, así es que hará todo lo posible para impedir que esto suceda.

Se ha escrito mucho acerca de Lucifer y su deseo de ser como Dios. Muchos teólogos concuerdan en que era líder de adoración, que reflejaba la gloria de Dios, en base a la descripción que figura en Ezequiel (ver 28:12-19).

El aspecto de Lucifer incluía lo que el profeta describe como joyas preciosas, que probablemente reflejaran –en muchos colores– la gloria que brillaba desde el trono de Dios. Como Lucifer era el *"querubín protector"* (Ezequiel 28:14), la luz de gloria que liberaba debe haber sido algo indescriptible.

Satanás hará lo que sea por impedir la adoración a Dios

Satanás realmente sabe cómo crear una atmósfera que agrade a Dios. Tan pronto comenzamos a adorar a Dios, él sabe que esto *complacerá* al Señor, y hará todo lo posible por obstaculizar o impedir la adoración. ¿Por qué? ¡Porque sabe que *la adoración activa a Dios!*

El orgullo es la herramienta de anulación de la adoración más efectiva con que cuenta el diablo. Sabemos que nos conducimos con orgullo cuando las cosas que decimos nos elevan y ponen a alguien en un lugar por debajo de nosotros. Lo hacemos todo el tiempo.

El orgullo de la posición significa que sentimos que de algún modo somos extra especiales y privilegiados, debido a nuestras capacidades o dones natos, o por nuestro título oficial. El orgullo nos infla y nos convence de que estamos de alguna manera exentos de las reglas que rigen a las personas "promedio", y que merecemos vivir por encima de la ley. Esto no es nada más ni nada menos, lo que la Biblia llama iniquidad o falta de ley.

> SABEMOS QUE NOS CONDUCIMOS CON ORGULLO CUANDO LAS COSAS QUE DECIMOS NOS ELEVAN Y PONEN A ALGUIEN EN UN LUGAR POR DEBAJO DE NOSOTROS. LO HACEMOS TODO EL TIEMPO.

Cuando el orgullo encuentra suelo fértil en nuestro corazón, echa raíz, por lo que constantemente vivimos sintiéndonos celosos de otros, o juzgando a todos a nuestro alrededor. Por ejemplo, aún si Pablo fuera a liderar una reunión a la que asistiéramos, podríamos experimentar el secreto sentimiento de que –si tuviéramos la oportunidad– probablemente lo hiciéramos mejor que él.

EL ORGULLO ES LA RAÍZ DE LA OPOSICIÓN SATÁNICA

El orgullo está en la raíz del pecado original. Fue el orgullo el que causó la caída de Lucifer, de la habitación del trono de Dios hasta la Tierra, lo que hizo que mereciera la sentencia de pasar la eternidad en el infierno –la "habitación del lamento", preparada por Dios primera y especialmente para Satanás–.

El orgullo también está en la raíz y en el factor principal que motiva la oposición satánica en nuestras vidas. El orgullo llevó a Lucifer a la presunción, y lo catapultó hacia la oscuridad eterna y a la separación total de su creador. Ahora el orgullo celoso y el amargo odio de Satanás lo llevan a destruir a toda persona y a toda cosa amada por Dios, pero el triunfo de Jesús en la cruz debilita al diablo y le quita poder.

El enemigo es especialmente efectivo en su táctica para desviarnos y distraernos. Trabaja sutilmente para que nos mantengamos ocupados en tantas cosas buenas, que dejamos de cuidar nuestra conexión vital con Dios, que es nuestra verdadera fuente de energía.

Durante años corremos de aquí para allá, con paso acelerado, hasta que gradualmente nos quedamos sin combustible y sin nada que valga la pena después de tanto esfuerzo. Satanás trabaja horas extras para distraer y desviar nuestras mentes, cada vez que alguien menciona, enseña o predica acerca de la advertencia a Marta para que eligiera a Dios, lo único que verdaderamente importa (ver Lucas 10:38-42).

Dios no corrigió a Marta porque esta fuera una mujer mala; es que ella había permitido que su vida estuviera tan *distraída* por las cosas buenas, que se estaba perdiendo lo mejor de Dios.

Si Satanás no puede matarnos –y en verdad *no puede*– igual se conformará con volvernos *ineficientes*. Cuando logra distraernos y separarnos de nuestra fuente, nos sentimos golpeados por olas de duda, temor y desesperanza.

Los cristianos ineficientes son las personas favoritas de Satanás, lo cual explica por qué Satanás no anda por allí destruyendo a todos. Pienso que algunas de sus personas favoritas son los cristianos ocupados pero ineficientes; recuerde que su temperatura favorita es "tibio". ¡Estas personas deben contarse entre sus más grandes aliados, porque le ayudan a traer reproche sobre el reino de Dios al tiempo de causar pena en el corazón de Dios!

LOS COMPROMISOS ROTOS PONEN EN RIESGO EL TESTIMONIO CRISTIANO

Las relaciones rotas dan como resultado compromisos rotos, que a su vez producen ineficiencia. Cuando tomamos un compromiso hacia Dios o hacia otra persona, y luego nos negamos a honrarlo, ponemos en riesgo nuestro testimonio como cristianos ¡y bien podríamos considerarnos como no merecedores del beneficio y protección de la alianza!

El voto matrimonial representa una de las alianzas humanas más antiguas –y más frecuentemente rotas–. Los matrimonios florecen en la atmósfera del compromiso de una alianza irrompible, pero rápidamente se marchitan, en el ardiente calor del egoísmo, el compromiso roto, la alianza hecha añicos.

Una vez que ha fallado nuestro compromiso hacia una alianza, nos encontramos en desobediencia flagrante. Jesús describió su alianza con nosotros en su oración, la que representa su más alto sacerdocio, en el jardín de Getsemaní:

> Yo los amo a ustedes como el Padre me ama a mí; permanezcan, pues, en el amor que les tengo. <u>Si obedecen mis mandamientos, permanecerán en mi amor</u>, así como yo obedezco los mandamientos de mi Padre y permanezco en su amor. Les hablo así para que se alegren conmigo y su

alegría sea completa. Mi mandamiento es este: Que se amen unos a otros como yo los he amado a ustedes. El amor más grande que uno puede tener es dar su vida por sus amigos. Ustedes son mis amigos, si hacen lo que yo les mando. Ya no los llamo siervos, porque el siervo no sabe lo que hace su amo. Los llamo mis amigos, porque les he dado a conocer todo lo que mi Padre me ha dicho. Ustedes no me escogieron a mí, <u>sino que yo los he escogido a ustedes, y les he encargado que vayan y den mucho fruto, y que ese fruto permanezca. Así el Padre les dará todo lo que pidan en mi nombre</u>. Esto, pues, es lo que les mando: Que se amen unos a otros (Juan 15:9-17).

En esencia, entonces, desobedecemos a Dios cuando no nos amamos los unos a los otros. Esto *siempre* trae condena y consecuencias.

SATANÁS SE REGOCIJA EN LAS BARRERAS DE LA COMUNICACIÓN

El objetivo número uno del enemigo puede ser el de cortar la vía de nuestra comunicación con Dios. El hundimiento del trasatlántico *Titanic* es aún hoy considerado como una de las tragedias marítimas más graves en la historia. Debiera figurar también en la lista de las más trágicas interrupciones en la historia de la comunicación.

Otro barco que se encontraba en el océano Atlántico, cerca del *Titanic*, les telegrafió, advirtiéndoles sobre la presencia de un peligroso témpano, evidentemente con la suficiente anticipación como para que este pudiera evitar una colisión. El problema fue que no había nadie que escuchara.

Los operadores de telégrafo a bordo del *Titanic* interrumpieron la comunicación con los barcos cercanos, para telegrafiar una larga serie de mensajes personales de poca importancia, de pasajeros adinerados que estaban preocupados por detalles menores relacionados con su llegada al destino final. Estas distracciones cortaron la única esperanza que tenían, pues bloquearon la comunicación vital que avisaba sobre la fatal amenaza en su camino. ¿Cuántas veces hacemos nosotros lo mismo? Las malas comunicaciones o la falta de comunicación en cualquiera de sus formas, suceden por lo general cuando entramos en el modo de oración de una sola mano de circulación, y se corta así la comunicación *desde* Dios *hacia* nosotros.

Para evitar esta tragedia necesitamos adorar a Dios, lo que es una forma directa de comunicación de ida y vuelta con Dios. Nuestro foco de atención debiera estar centrado en Él y no en nuestras necesidades y deseos. Hay muchas más posibilidades de escuchar cuando Él nos dice algo, si lo estamos adorando.

Es un experto en batallas mentales

No ha habido grandes cambios en el reino de la oscuridad; Satanás continúa usando en contra de usted y en contra de mí, las mismas armas que utilizó en contra de Adán y Eva. El diablo pone palabras de acusación en nuestras mentes, y lo hace constantemente. Recuerde que es experto en batallas mentales. Y con razón, pues ha tenido miles de años para perfeccionar sus técnicas.

Si no tenemos un sólido conocimiento de la Palabra de Dios, Satanás podrá convencernos totalmente de que el pecado nos ha separado permanentemente de la presencia manifiesta –y de la eterna gracia– del Señor. Conoce lo que Dios dijo a través de Pablo, pero abriga la esperanza de que *usted* no lo sepa.

¿Quién nos podrá separar del amor de Cristo? ¿El sufrimiento, o las dificultades, o la persecución, o el hambre, o la falta de ropa, o el peligro, o la muerte violenta? (...)

Estoy convencido de que nada podrá separarnos del amor de Dios: ni la muerte, ni la vida, ni los ángeles, ni los poderes y fuerzas espirituales, ni lo presente, ni lo futuro, ni lo más alto, ni lo más profundo, ni ninguna otra de las cosas creadas por Dios. ¡Nada podrá separarnos del amor que Dios nos ha mostrado en Cristo Jesús nuestro Señor! (Romanos 8:35, 38-39).

Los problemas graves comienzan tan pronto rompemos nuestra comunicación corazón-a-corazón con Dios. Esto nos deja con dos voces que envían mensajes poco beneficiosos a nuestros corazones: nuestra propia voz y la del adversario.

SOMOS LLAMADOS A SER HIJOS E HIJAS DE CRISTO

Nuestro Padre celestial quiere vernos danzar y saltar ante Él, con el entusiasmo y la libertad propia de un niño pequeño, libre de toda inhibición o preocupación acerca de lo que sucederá mañana.

Satanás, por otro lado, desprecia la idea de que podamos tener ese tipo de relación con el Dios todopoderoso. No puede soportar ver la exclusiva relación que Dios tiene con sus hijos e hijas. Aún los ángeles no disfrutan de ese nivel de íntima comunión con el Padre.

Pero tengo buenas noticias: Dios se deleita en su relación con nosotros. Le agradan las alabanzas de su pueblo. Acampa en medio de nuestra alabanza (ver Salmo 22:3). Con nuestra alabanza Dios hace un trono, un cómodo asiento para sentarse en medio de esta.

Dios desea reavivar en nosotros un intenso deseo por *no* marchitarnos o debilitarnos tan pronto termina el servicio y nos vamos a casa. *Los adoradores adoran todo el tiempo.* Debiéramos adorar al

170

Señor en nuestras casas, de hecho, ¡debiéramos insistir en hacer de nuestros hogares, casas de adoración a Dios!

Dios anhela esta adoración, pero Satanás busca detenerla e impedirla. Por ello, la adoración, que incluye a los equipos y a los líderes del servicio, se ven tan ferozmente atacados por la tentación a fracasar moralmente, a pelear, a no comprender –comunicación interrumpida– y aún a rebelarse en contra del liderazgo de la iglesia. Esto podría denominarse el "movimiento de autor", de Satanás.

NUESTRO PADRE CELESTIAL QUIERE VERNOS DANZAR Y SALTAR ANTE ÉL, CON EL ENTUSIASMO Y LA LIBERTAD PROPIA DE UN NIÑO PEQUEÑO, LIBRE DE TODA INHIBICIÓN O PREOCUPACIÓN ACERCA DE LO QUE SUCEDERÁ MAÑANA.

Además, la falta de conocimiento se combina con el orgullo, para conformar un obstáculo mayúsculo en el movimiento de Dios dentro de la Iglesia moderna. No queremos admitir que lo que hacemos no funciona, o que no estamos dispuestos a cambiar. Especialmente tememos admitir que la manera de Dios de hacer las cosas puede diferir con respecto a la nuestra, o que quizá Él quiera que despertemos a más personas para utilizarlas.

En verdad, cuando se adquiere una mentalidad enfocada en el Reino, cuando quiere uno ver a Dios elevado tan en lo alto, para que su gloria venga a nosotros, dejamos de seguir nuestros propios patrones y elegimos lo que sea mejor.

Este no es el momento para pelear por la posición o el reconocimiento. Si deseamos cortar la oposición satánica de raíz y malograr los más fuertes deseos de Satanás, para bendecir la voluntad de Dios, debemos saber que este es el tiempo *de adorar* a Dios.

CAPÍTULO 10

Oración y adoración

Las gemelas que se conjugan en el Espíritu

Todos luchamos cada día, de uno u otro modo. Y muchas veces buscamos saciar la sed de nuestros deseos, esperanzas y anhelos, en cualquier cosa que no sea el Señor. Sentimos que nos hace falta algo en nuestras vidas.

Sí que falta algo, aún en las vidas de muchos cristianos comprometidos. ¿Cuántas veces se ha encontrado a sí mismo anticipando el momento futuro en que todo esté bien, completamente bien? Reconocerá estas veces si piensa en alguna situación difícil, o intenta describírsela a alguien y suele terminar con la famosa frase "algún día".

Tendemos a aferrarnos a una creencia sin razón, que nos dice que al final de nuestra ardua tarea, algún día, de algún modo, recibiremos una paga que nos dará solaz o descanso. Sin embargo, hay un solo descanso para nuestras almas, y Dios excede todas nuestras expectativas.

¿No es irónico que tengamos menos tiempo en una era que produce cantidad de aparatos o servicios que nos ahorran tiempo, más que en cualquier otra generación anterior a la nuestra? Corremos de proyecto en proyecto; nos preocupamos de día de pago en día de pago; ansiosamente, tan pronto termina unas vacaciones, ya estamos anticipando las siguientes.

¿Ha notado usted que todo lo que anticipamos parece estar apenas fuera de nuestro alcance? Este paradigma abarca todos los aspectos de nuestras vidas, incluso nuestra vida espiritual. Sabemos que necesitamos hacernos un tiempo para adorar a Dios, orar y estudiar su Palabra y, sin embargo, habitualmente la mayoría de nosotros posponemos estas prioridades para ocuparnos de cosas supuestamente más urgentes y que de momento nos urgen.

Quienes postergan las cosas, raramente oran o adoran a Dios

En la mayoría de los casos nuestros dilemas cotidianos tienen raíz en una percepción equivocada que aqueja como plaga a nuestra especie. Creemos que como creyentes, es nuestro *deber* buscar la santidad, asistir a la iglesia, estudiar la Biblia y orar.

Estos son deberes, en cierto sentido, pero allí está el problema: tendemos a ver todo deber como mal necesario o molesta tarea, en tanto olvidamos sus virtudes o beneficios. Asociamos estos deberes con otras tareas tan desagradables como cortar el césped, lavar el automóvil, hacer la tarea de la escuela, pagar las cuentas, estudiar para un examen e ir a ver al dentista para una limpieza de la dentadura.

¿Acaso extraña entonces que predecimos con tal efectividad que raramente adoramos, oramos o estudiamos, fuera de las reuniones en la iglesia? Estos elementos son vitales para nuestra salud y vitalidad espiritual, pero tan pronto las vemos como deberes, en lugar de considerarlos *privilegios de gozo*, las aplazaremos o evitaremos, las quitaremos de nuestras vidas.

¿Qué sucede en su interior cuando oye usted la palabra "oración"? ¿Y qué hay de la palabra "adoración"? ¿Siente que su estómago se encoge ante la palabra "oración", del mismo modo que lo haría al escuchar "deberías cortar el césped" o "llamaron de la Agencia de Recaudación Impositiva"? ¡Eso sí hace encoger el estómago!

Para muchos de nosotros, la adoración es un conjunto de tres o cuatro canciones que se cantan como puente entre la ofrenda y el mensaje del pastor o ministro. Otros consideran que la adoración consiste en el tiempo en silencio que pasan escuchando música cristiana.

La adoración que veo en las Escrituras y en mi vida personal es mucho más evidente, intensa y apasionada; nos expone por completo, en comparación con lo que acabo de mencionar.

La adoración implica desnudarse por completo delante del Señor, llegarse hasta Él con humildad y deseo. En la adoración permitimos que el Espíritu Santo quite capa tras capa la cobertura de voluntad propia y atención centrada en nosotros mismos, que están ocultas en nuestros corazones.

Cuando adoramos llegamos hasta algo mucho más grande, mucho más importante que cualquier otra persona... o cosa... o problema en nuestras vidas. Finalmente, nuestra relación de adoración con Dios es más íntima que cualquier otra relación que pudiera usted tener a lo largo de su vida.

DIOS NOS CONOCE POR COMPLETO, ¡Y AÚN ASÍ NOS AMA!

El Santo Dios a quien usted adora, lo sabe todo. De hecho, nos conoce mucho mejor de lo que podremos jamás llegar a conocernos a nosotros mismos. La parte extraña de esto, ¡es que aún así, Él nos ama! Conoce cada detalle de cada situación, decisión y momento en nuestras vidas. También conoce las respuestas a toda pregunta que nos atormente.

Dios creó nuestro maquillaje emocional y diseñó nuestra capacidad intelectual. Cada día de nuestras vidas debiera llevarnos a una conclusión: nací para amar al Señor mi Dios con todo mi corazón, con todas mis fuerzas y con toda mi mente (ver Mateo 22:37).

¿Cómo se relaciona uno con un Dios como este? Puede uno recrear la rueda o comenzar con los éxitos de las personas que nos precedieron.

David, el salmista, estableció altos parámetros que aún hoy seguimos tratando de igualar. Sus meditaciones escritas dominan la tradición litúrgica que por lo general utiliza el Libro de Oraciones o el Salterio, una compilación de oraciones, mayormente salmos.

Los salmos son oraciones o declaraciones literales, dirigidas y referidas a Dios, a las que se agregó música. Esto significa que el mayor adorador de la Biblia –David– ponía en práctica la *oración con adoración*. Porque ambas van de la mano.

En mi opinión, intentar separar a la oración de la adoración es como intentar separar gemelos siameses: uno de los dos podrá sufrir, y posiblemente morir –por lo general será la oración–.

Cuando se menciona la palabra "oración", en muchas iglesias aparece el concepto del "cruel deber". Sé que es injusto, pero muchas personas sienten que es así. La adoración hace surgir diferentes connotaciones y reacciones. ¿Cuántas veces ha oído decir a alguien: "Bien, realmente me gusta la parte de la adoración en el servicio"?

Jesús dijo algo que debiera cautivar y fascinar a todo creyente en nuestros días:

Les aseguro que el que cree en mí hará también las obras que yo hago, y hará obras todavía más grandes, porque yo voy a donde está el Padre. Y todo lo que ustedes pidan en mi nombre, yo lo haré, para que por el Hijo se muestre la gloria del Padre (Juan 14:12-13).

No dijo que podríamos, dijo que lo haríamos

¿Está usted haciendo lo que hizo Jesús? ¿Su iglesia está transformando a la comunidad que la rodea, por medio del amor, de señales sobrenaturales y de milagros? ¿Por qué no? Jesús no dijo que podríamos, dijo que lo haríamos.

Esto nos trae a las preguntas obvias que han surgido infinidad de veces durante los últimos dos mil años: bien, ¿y por qué no lo hemos hecho? ¿Qué es lo que anduvo mal?

Algunas personas temen que hayamos casi abortado la oración en nuestras iglesias. Dicen: "Actuamos, no oramos".

La conspicua ausencia de la adoración en verdad puede ser otro factor más en el problema. ¿Es que hemos separado artificialmente a la adoración de la oración?

Para ser sinceros, solo una persona muy disciplinada puede llegar a orar durante más de quince minutos seguidos, sin agregar adoración a su oración. Por mi parte, prefiero adorar a Dios durante un rato antes de orar. Después de orar, lo adoro un poco más, y luego sigo orando. ¡Casi sin darme cuenta, mi período de oración de quince minutos se convierte en treinta minutos!

No le digo a la gente que ore durante largos períodos de tiempo solo para que completen una cuota de actividad religiosa, sino porque Dios claramente quiere que seamos personas de oración. Pablo lo dijo claramente y sin ambages: *"Oren sin cesar"* (1 Tesalonicenses 5:17).

David mezclaba la oración con la adoración, con total libertad

Hace años, solía sentirme frustrado porque solo podía orar durante quince o veinte minutos antes de quedarme sin más nada que decir. Luego noté que David mezclaba la oración con la adoración, y que lograba producir los versículos más poderosos y más citados de toda la Biblia. Pensé: "Si él pudo, yo también podré".

Cuando comencé a alabar y exaltar al Señor, descubrí que nunca me quedaba ya sin palabras. ¡Tenía tanto para decirle a Dios y acerca de Dios, que me era difícil parar!

Lo maravilloso de esto es que una vez que la adoración nos lleva a la presencia de Dios, el Espíritu Santo comienza a decirnos cómo orar, qué decir. ¡Cuando la presencia manifiesta del Señor se hace presente, el tiempo y la fatiga parecen desaparecer!

Sin embargo, si divorciamos a la adoración de la adoración en nombre de alguna tradición religiosa creada por los hombres, todo lo que nos queda es un aparente deber religioso con el que muy pocas personas pueden cumplir.

Cuando volvemos a reunir a la adoración con la oración, repentinamente sentimos que vuelve el entusiasmo y la pasión, y que dejamos atrás todo impedimento. El Espíritu de Dios parece traer consigo la creatividad espontánea a las "gemelas" –adoración y oración–.

La adoración es de vital importancia para los creyentes. Además, será nuestra actividad principal cuando lleguemos al cielo.

La oración trae consigo los recursos del cielo

Jesús oró a lo largo de todo su ministerio en la Tierra. ¿Por qué? ¿No era literalmente Dios Hijo, hecho carne? Sí, lo era y lo es y logró cumplir con su divino cometido, pero utilizó únicamente los recursos disponibles para cada uno de los seres humanos sobre la Tierra. Dejó de lado el poder y los privilegios de su divinidad, y en su lugar confió en la oración como medio para traer los recursos del cielo que faltaban sobre la Tierra.

En el cielo, la adoración es la actividad principal, en tanto que la oración solo se necesita en sentido de intercesión. ¿Por qué? Porque Dios mismo provee toda la luz y el sustento necesarios en una atmósfera en la que no hay siquiera atisbo de pena, dolor, pecado o tristeza. Jesús *aún hoy sigue* orando por nosotros, como nuestro gran intercesor en el cielo.

Sin embargo, la adoración es mucho más importante sobre la Tierra, más de lo que podemos imaginar. A menudo oigo decir a algunas personas: "Bien, puedes pararte aquí frente a todos, bailar y hacer flamear las banderas; pero cuando llegues a casa, será mejor que tengas algo de Dios, o el diablo se apoderará de ti".

Las afirmaciones como esta son destructivas, porque se requiere casi de un milagro para que alguien se libere de los prejuicios en nuestra sociedad, al punto de poder bailar y hacer flamear banderas para Dios, ante una multitud que mira. Hay que tener coraje y gracia sobrenatural, para ponerse de pie hoy –sin inhibiciones– frente a las personas, y adorar a Dios.

No es fácil para quien está sobre un escenario, o en el púlpito, exhibir la alabanza en forma extravagante. Cuánto más entonces para la persona que, sentada en el banco de la iglesia, quiere pasar lo más inadvertida posible. Se requiere de un impulso venido de Dios para hacer mover a las personas que están en los bancos. Me entusiasma ver que hay hombres con la suficiente libertad en el Espíritu Santo como para tomar una bandera y bailar para el Señor, en adoración.

No hay nada como la adoración, para abrir los cielos

Parece que predicar es una acción virtualmente inútil, a menos que se apoye en la senda de la *oración*. Los más grandes propulsores del avivamiento en el pasado, parecen demostrar esta interrelación dinámica entre la prédica y la oración. La preparación que otorga la oración siempre ha precedido los avivamientos y movimientos de Dios en el pasado.

Las cosas de Dios florecen cuando se abren los cielos por medio de la oración ferviente y efectiva. No hay nada como la adoración en verdad, para abrir los cielos que cubren una ciudad. Adoración ofrecida en unidad, con pureza de corazón. Esto no es invento mío. La Biblia dice: *"Pero tú eres santo; tú reinas, alabado por Israel"* (Salmo 22:3). Dios vive donde encuentra alabanza y adoración. Viene a vivir en la casa, y a sentarse en el trono que construimos con la adoración. El tema principal aquí, es que si obviamos la adoración en la ecuación divina de la comunicación, terminamos más golpeados, llorosos y quejosos, para poder atraer su atención.

Si lo adoramos, lo encontramos –o, para coincidir con la Escritura– Dios nos encontrará. Jesús dijo: *"Pero llega la hora, y es ahora mismo, cuando los que de veras adoran al Padre lo harán de un modo verdadero, conforme al Espíritu de Dios. Pues el Padre quiere que así lo hagan los que lo adoran* (Juan 4:23).

Esto es lo maravilloso de la cuestión: Dios busca verdaderos adoradores; así que, si lo adoramos, Él nos encontrará. Cuando finalmente encontremos su mirada, quedaremos atrapados en el rapto de su gloria, y hasta olvidaremos qué era lo que íbamos a pedir. En ese punto comenzamos a orar lo que está en su voluntad para el Reino. Toda actividad o pretensión humana muere, ante la presencia manifiesta de Dios.

DIOS RECUERDA CADA ORACIÓN, Y GUARDA CADA LÁGRIMA

Podemos orar a Dios para que traiga avivamiento a nuestra ciudad o región, y hacer esto durante quinientos años sin que parezca que sucede nada. Las Escrituras nos dicen que Dios registra cada una de nuestras oraciones y guarda cada una de nuestras lágrimas derramadas en oración y adoración (ver Salmo 56:8; Apocalipsis 5:8; 8:3-4), pero se reserva el derecho de considerar dichos tesoros y actuar en nuestro beneficio, o en representación de nosotros, a su *tiempo*.

Cuando Dios dice que ya es tiempo, puede ser que estemos reunidos, adorándolo –como lo hacemos habitualmente– y orando una vez más por el avivamiento en nuestra ciudad o región. De repente los cielos se abren por encima de nuestras cabezas, y el poder y la gloria descienden y traen un avivamiento sin precedentes. Sospecho que fue esto lo que sucedió en Pensacola, Florida. La sobrecogedora visitación de Dios el Día del Padre de 1995, estuvo precedida por *años* de ferviente oración y trabajo espiritual, durante los cuales no parecía suceder absolutamente nada. Quizá Dios guardó todas las lágrimas y la apasionada oración tras un dique que cedió en el momento de su divina decisión.

En todo caso, debemos hacer nuestra parte, y permitir que Dios haga la suya. Recuerde que Él es Dios, no nosotros. Dios hace las cosas siguiendo un plan más alto, un calendario más amplio y una sabiduría más grande de lo que jamás podríamos imaginar.

Nuestra tarea consiste simplemente en adorar, orar, obedecer, confiar en Él y disfrutar del viaje. Dios hará el resto. No tenemos permiso para hacer las cosas por cuenta propia y luego pedir que Dios las bendiga. La sabiduría nos indica que debemos discernir qué es lo que Dios hace, alinearnos con ello y disfrutar de la bendición que esto nos trae.

¿POR QUÉ PEDIMOS A DIOS QUE ABRA LOS CIELOS?

La Palabra de Dios revela la voluntad de Dios, pero la mayoría de nosotros aún ni siquiera hemos comenzado a buscar la riqueza del propósito divino que allí se encuentra. El Pastor John Kilpatrick escribió un libro titulado "When the Heavens Are Brass" (*Cuando los cielos relucen*), en el que describe el camino espiritual que tomó junto a la congregación de Brownsville, hacia el avivamiento.[1] Dice algo que ayuda a explicar la causa por la que tantas personas le piden a Dios que abra el cielo sobre sus iglesias, comunidades y regiones:

> "La iglesia está perdiendo la batalla por las almas de los hombres. Muchos cristianos admitirán enseguida que pasan la mayor parte de sus días viviendo en virtual derrota, casi como si viviesen bajo una nube todo el tiempo. ¡Y en verdad lo hacen! Hemos dejado de observar que la Biblia describe jerarquías y escalafones de poderes, de gobernantes y de principados del mal en los cielos, que impiden el progreso de la Iglesia en la Tierra. Nuestra desobediencia aumenta este poder demoníaco que está sobre nosotros".[2]

A Satanás le fue asignado un grado de jurisdicción en el aire, o el segundo cielo –ver Efesios 2:2–. Por ello oramos con sinceridad, nos volvemos una amenaza en contra de los planes de Satanás para nuestra comunidad.

Sinceramente, no me interesa ser solo una amenaza. Estoy decidido a aferrarme a la voluntad de Dios para mi región. Quiero poseer la Tierra en nombre de Jesús y ver que avance el Reino de Dios allí. Durante ese proceso, debemos continuar con el trabajo de Jesús, la obra de destruir la obra del diablo (ver 1 Juan 3:8).

La acción de la adoración tiene el potencial de unir al Cuerpo de Cristo de manera sobrenatural. Sin embargo, se necesitará que los líderes, pastores y evangelistas tengan flexibilidad guiada por el Espíritu para lograr esto.

ADORACIÓN HACIA DELANTE, MINISTERIO HACIA ATRÁS

En mi papel de líder de servicio de adoración, continuamente adoro hacia delante y ejerzo mi ministerio hacia atrás. Ejercer mi ministerio hacia atrás implica llevar a cada uno de los miembros a un nivel de agradecimiento y alabanza en conjunto, para que puedan llegar ante la presencia de Dios.

No es que finja ser superior, pero Dios me pide que adore hacia adelante, lo que significa continuar siempre más y más llegando a niveles más profundos de adoración, aún si trabajo con una multitud conformada por personas no salvas, nuevos creyentes y personas que han sido creyentes y adoradores de Dios durante muchos años. Me siento más cómodo en el servicio de adoración con una multitud de desconocidos, porque en general no tienen las mismas presuposiciones religiosas en lo que se refiere a la adoración.

> NO IMPORTA CUÁN MALO PAREZCA ESTAR TODO EN EL MUNDO. QUE SU PRIORIDAD Y PRINCIPAL FOCO DE ATENCIÓN SEA SU RELACIÓN ÍNTIMA CON EL SEÑOR.

La congregación típica podrá incluir preciosas ancianas con los cabellos azulados, hombres de negocios vestidos con elegantes trajes, adolescentes, madres con niños pequeños, jóvenes inquietos de alrededor de unos veinte años y todo tipo de personas, de diferente raza, nacionalidad e historia personal. Dios quiere mostrarnos a todos cómo unirnos en adoración. Esto comienza cuando elevamos al Hijo de Dios por encima de todas nuestras preferencias, prejuicios y presunciones.

Dios puede hablarnos por medio de virtualmente cualquier clase de música, y debemos esforzarnos por respetar las preferencias de los demás. Pero también debemos tomar en cuenta que la adoración *no es* simplemente la música. La música es solo una de las herramientas o de las formas que puede tomar nuestra adoración a Dios. Nuestro objetivo debe ser el de adorarlo juntos, con corazones puros y manos limpias. Dios anhela ver a su familia unida bajo la bandera de Cristo. Esto incluye, específicamente a las iglesias evangélicas, carismáticas y litúrgicas.

DIOS DEBE SER NUESTRO PRINCIPAL FOCO DE ATENCIÓN, NUESTRA PRIORIDAD

¿ESTÁ DIOS HACIENDO ALGO NUEVO, O ES QUE FINALMENTE ESTAMOS ENTENDIENDO?

No importa cuán malo parezca estar todo en el mundo. Que su prioridad y principal foco de atención sea su relación íntima con el Señor. Él es la única roca inamovible que jamás falla, que jamás se mueve, que jamás cambia en nuestro mundo tan cambiante.

Históricamente, la Iglesia tiende a prosperar en tiempos de persecución y adversidad, ¡pero en épocas de prosperidad y bendición, decae! Quizá se deba esto a que en las épocas de prosperidad perdemos nuestro sentido de total dependencia de Dios y comenzamos a depender más de nuestras propias capacidades y fortalezas.

Actualmente hay una especie de temblor, un estremecimiento en los reinos del espíritu y la naturaleza, que guía a la iglesia de occidente, de vuelta hacia el corazón de Dios. Los no salvos deben adquirir y desarrollar una conciencia acerca de Dios y del pecado, y la Iglesia es la ventana de Dios que da a la Tierra, que permite a los no salvos echar un vistazo al amor de Dios y a su propósito para ellos.

No importa qué suceda mañana, usted y yo debemos recordar las palabras del rey David:

Me mostrarás la senda de la vida; en tu presencia hay plenitud de gozo, delicias a tu diestra para siempre (Salmo 16:11).

La alegría del Señor es nuestra fuerza, tanto si entramos en su presencia en una estación próspera, como si lo hacemos en épocas de dolor o dificultades. La mejor manera de entrar en presencia de Dios es unir a las gemelas espirituales, la adoración y la oración.

¿ESTÁ HACIENDO DIOS ALGO NUEVO, O SERÁ QUE FINALMENTE ESTAMOS ENTENDIENDO?

Nuestro motivo para entrar en la presencia de Dios debe ser el de conocer su corazón, no meramente el de participar de la última novedad en materia cristiana.

¿Está haciendo Dios algo nuevo, o es que estamos comenzando a entender lo que ha estado haciendo desde el principio de los tiempos? Esto me recuerda que la Iglesia se inició el Día de Pentecostés.

Nuestros comienzos dicen mucho acerca de nuestro final. Dios jamás dejó de cumplir con su calendario, en lo referente a su reino. ¿Y qué hay de nosotros? Nuestro trabajo consiste en movernos en tándem con Él, entregarnos a su espíritu del modo en que Él vea que encajamos en su plan. Necesitamos hacer esto mediante la comunicación con Él a través de la adoración y la oración.

Desdichadamente, la mayoría de nosotros somos novatos en el uso de la herramienta de la oración. Somos especialmente débiles en el área de la oración conjunta, el vehículo primario utilizado por Dios para liberar el poder del Espíritu Santo sobre los ciento veinte que estaban reunidos en el aposento alto (ver Hechos 1:3). Parece que recién hemos comenzado a rascar la superficie del potencial de la oración conjunta ungida. Además, el proceso de la oración es más fácil si se lo reúne con la adoración conjunta.

El reloj divino continúa marcando el tiempo hacia una conclusión divina. Usted y yo hemos sido creados para adorar a Dios, y se nos ordenó orar sin cesar (ver 1 Tesalonicenses 5:17). Por eso, es tiempo de reordenar todas las prioridades y alinearnos con los propósitos de Dios para esta generación. El tiempo no puede fabricarse ni tampoco ahorrarse; solo puede gastarse.

Permítame preguntarle algo, una pregunta que un querido amigo mío suele hacer: ¿Valió la pena que Cristo diera su vida por aquellas cosas por las que usted vive?

CAPÍTULO 11

Aprendiendo a esperar

Anhelar más

¿Está dispuesto a dejar que su hambre por la presencia de Dios lo lleve más allá de donde se encuentra usted ahora? ¿Su mayor felicidad consiste en concentrar su atención en su propio aspecto, o en las opiniones y aprobación de otros, o en dejarlo todo en sus ansias por llegar ante la presencia manifiesta de Dios?

El Señor lo espera, si es que está usted dispuesto.

Desdichadamente, muchas personas en la iglesia estadounidense, y en la cultura occidental, se hallan tan atareadas y apuradas por cumplir con sus compromisos, que no saben cómo servir al Señor, o ni siquiera les importa hacerlo. Parece ser un arte en franca extinción.

Muchos confesarán que buscan y se desesperan por vivir una experiencia sobrenatural, pero esto no significa que irán naturalmente hacia Dios. Para algunos, es más fácil adormecer el dolor con recetas farmacéuticas, o con una dosis del antiguo y conocido pecado.

Es mucho más fácil buscar la solución rápida. Solo pregúntele a uno de los millones de estadounidenses que luchan contra el exceso de peso o contra alguna adicción química, sexual o psicológica. También vemos este síndrome de la solución rápida con frecuencia en el reavivamiento de Brownsville.

Muchas veces vemos que llegan personas a nuestras reuniones de avivamiento, en búsqueda de una solución instantánea junto al altar, que cure todo lo que les aqueja. Honestamente, una experiencia genuina con Dios simplemente le hará ver más claramente su necesidad de tener más de Él en su vida.

Es más probable que se contagie del hambre espiritual en Brownsville, o en alguna otra reunión ungida, y no que reciba una descarga sobrenatural de poder. Aquí van las buenas noticias: si permite que su hambre lo guíe hacia Dios, todo lo demás que necesite vendrá por sí solo (ver Mateo 6:33).

DÉJELO TODO PARA ESCUCHAR A DIOS

Cuanto más amamos y valoramos a alguien, tanto más nos ponemos en sintonía con sus deseos, preferencias, estados de ánimo y formas de comunicación. Esto se ha hecho muy concreto en mi relación con mi esposa.

Aún a pesar de que Amber y yo conformamos una alianza matrimonial, aunque a menudo nos sentamos juntos y conversamos, hay momentos especiales en los que ella está lista para contarme cosas de su corazón que requieren de atención especial. Estos momentos especiales, por lo general requieren algún *sacrificio* de mi parte, porque Amber suele estar pronta a conversar cuando yo no estoy preparado para escuchar. El sacrificio vale la pena, de todos modos. Los momentos más ricos de nuestra relación son aquellas ocasiones en que literalmente dejé todo de lado, todo lo que estuviera haciendo, exclusivamente para escuchar a Amber. Esta es una de las maneras más importantes que tengo para *demostrarle* que la amo.

Aún así, cuando recién habíamos contraído matrimonio, equivocadamente supuse que mi esposa tenía la misma frecuencia de onda que la mía. No me llevó demasiado tiempo el darme cuenta de que muchas de las cosas que más me gustaban de Amber, tenían origen en nuestras *diferencias*, ordenadas y dispuestas por Dios. Una de esas diferencias, tiene que ver con nuestros tiempos.

Cuando Amber tiene algo que desea decirme desde su corazón, es importante para ella poder expresármelo mientras aún está fresco. Se trata de pensamientos y sentimientos que desea decir en privado conmigo, en la seguridad e intimidad de nuestra relación.

Cuando observo que Amber está dispuesta a conversar, intento dejarlo todo y escuchar lo que tiene para decirme. Es una de las maneras más importantes en que puedo expresarle cuán importante es ella para mí, en un mundo de prioridades que compiten continuamente.

De manera similar, Dios desea hablarnos de maneras especiales, en momentos determinados. Si no estamos atentos a Él y a su modo de comunicarse con nosotros, nos perderemos la posibilidad de disfrutar de las mejores partes de nuestra relación con Él.

ESPERE A QUE DIOS LE HABLE

En cualquier relación, la intimidad se ve obstaculizada cuando nos volvemos tan estructurados y rígidos en nuestra conducta, que nos negamos a ser flexibles. La intimidad lentamente llega a un punto de parálisis cuando nos volvemos demasiado concentrados en nosotros mismos, como para poder pensar en nuestros seres amados.

Quizá, si estuviésemos más dispuestos a *detenernos y escuchar a Dios cuando habla*, no tendríamos necesidad de tantos servicios de sanación, o de tantos sermones acerca de la prosperidad y otros temas terrenales.

> LA INTIMIDAD LENTAMENTE LLEGA A UN PUNTO DE PARÁLISIS CUANDO NOS VOLVEMOS DEMASIADO CONCENTRADOS EN NOSOTROS MISMOS COMO PARA PODER PENSAR EN NUESTROS SERES AMADOS.

Hay algo en esto de buscar primero el reino de Dios y su rectitud, que cuida de todas las preocupaciones y necesidades cotidianas en nuestra vida terrenal (ver Mateo 6:33).

Estoy convencido de que muchos preferirían vivir la excitación de la fanfarria, los fuegos artificiales y la gran final de la presencia de Dios, pero muy pocos parecen estar dispuestos a servirle o permanecer a la espera de recibir su presencia cada vez con más fuerza.

Algunas de las mejores cosas de Dios solo pueden encontrarse cuando nos tomamos el tiempo de servirlo y esperarlo. Es en la espera que encontramos su gozo, su paz, su sanación y su misericordia.

¿Por qué es tan raro que se practique el arte de esperar a Dios, en nuestra sociedad moderna? Quizá tenga que ver esto con temas relacionados con la incertidumbre y el temor. El que adora a Dios en verdad, finalmente alcanza un lugar de liberación emocional y mental que abre las puertas del alma. En ese punto, lo que esté "ahí dentro", ¡puja por salir!

Una vez que Dios comienza a romper los yugos de opresión, cuando abre nuestras almas –mente, voluntad y emociones– la amargura y la corrupción que nos aqueja en lo más profundo comienza a revelarse. Dios no se ofende ni se alarma, como tampoco lo haría un cirujano que abre un tumor para quitar una porción cancerosa del cuerpo de un paciente. Esto forma parte del proceso sanador sobrenatural de Dios. Nosotros somos los que nos ofendemos y alarmamos.

En esta etapa, muchas personas lloran ante la presencia del Señor porque experimentan lo que Isaías describió durante su dramático encuentro con la presencia de Dios: *"¡Ay de mí, voy a morir! He visto con mis ojos al Rey, al Señor todopoderoso; yo, que soy un hombre de labios impuros"* (Isaías 6:5). El profeta no era un hombre malo, pero la santidad de Dios le reveló las profundidades de su pecado ¿Por qué no nos pasaría lo mismo a nosotros, cuando nos acercamos a Dios en su santidad?

DAR A DIOS EL TIEMPO PARA SANAR

La presencia manifiesta de Dios sana lo que su espíritu revela, pero esto rara vez sucede en cinco minutos. Es común que las personas en el avivamiento de Brownsville se sientan tan tocadas por la presencia de Dios que lloran o se arrepienten ante el altar. Es parte natural del proceso de sanación de Dios, mientras el Espíritu libera con toda suavidad años de culpa, dolor y opresión que se han acumulado en nuestro interior. Sin embargo, ¡el proceso *no debe* detenerse allí! Debemos continuar nuestro movimiento hacia la sanación y la restauración total, en un área donde está prohibido estacionarse. Lo peor que podemos hacer es acortar a la fuerza el proceso de sanación en presencia de Dios, en nombre de algún compromiso.

¿Qué pensaría usted de un cirujano que abriera una herida o un bulto inusual, solo para volver a coserlo y decir: "Volveré a verlo en

EL LUGAR SECRETO DEL GOZO

seis meses"? No lo ha curado. No lo limpió ni quitó el problema. Solo lo expuso a la luz, y luego apresuradamente volvió a cubrirlo. Lo siento, pero esto es lo que hacen algunos cirujanos en los casos de enfermedad terminal.

Dios está en una categoría totalmente diferente, aparte. No es uno de nuestros eximios cirujanos humanos. No hay nada que le resulte difícil de limpiar, sanar o restaurar, si le damos el suficiente tiempo y la suficiente libertad.

Nunca parece estar apurado, y nosotros nunca parecemos poder relajarnos. Cuando Dios sujetó a Pablo a la polvorienta mesa de operaciones, conocida como el Camino a Damasco, transformó el corazón del fariseo y cegó sus ojos en un proceso de apenas décimas de segundo. Pero el proceso de conversión y transformación solo *había comenzado* allí.

Dios continuó con la tarea gradual de transformación espiritual después de que Saulo llegara a la casa de Ananías. Si Saulo hubiera acortado el proceso de Dios, la historia habría sido distinta.

El fariseo sometido y arrepentido

¿Qué tiene que ver esto con el hecho de esperar y servir a Dios, y con el secreto lugar del gozo? Tiene que ver en todo.

Primero, Dios confrontó a Saulo, y luego el fariseo se humilló a sí mismo y se arrepintió. Dios arrestó a Saulo y detuvo su empeñada búsqueda de compromisos religiosos, lo cegó físicamente para que *iniciara* su camino sobre la senda correcta de la visión espiritual verdadera.

Saulo fue conducido de la mano –aún estaba ciego– hasta la casa de alguien a quien no conocía, y allí debió *esperar* durante tres días (ver Hechos 9:8-9). Cuando finalmente recobró la vista y fue bautizado, comenzó a predicar la verdad acerca de Jesús el Mesías.

Verá usted, Dios nos salva por la fe en Cristo, pero nos *sana* y *transforma* a lo largo de un proceso que lleva su tiempo.

He observado a Dios comenzar un proceso en personas que asisten a las reuniones de avivamiento en Brownsville, pero luego he visto que esas mismas personas se alejan antes de que la mayor parte del proceso de sanación de Dios se haya concretado en ellos. Abrieron sus corazones para comenzar a liberar su dolor, su ira o su vergüenza; pero luego se alejaron cargando aún con ese peso. Dios deseaba que esperasen lo suficiente como para poder irse a casa *sin llevar* consigo esa carga.

Dios hará lo que quiera hacer

Por otro lado, algunas personas se ponen nerviosas cuando Dios aparece en una reunión, porque rara vez se ajusta Dios a nuestras agendas humanas, y porque Él es completamente incontrolable para nosotros. ¿Alguna vez ha visto a dos personas que se miran incómodas, mientras una tercera persona llora o clama durante una reunión? ¿Por qué sienten temor ante la expresión súbita o la liberación apasionada? Porque no están habituadas a las demostraciones de pasión, y temen lo que dicha demostración pueda traer detrás de sí.

Muchas personas desean irse, y algunos líderes inmediatamente sienten la urgente necesidad de apagar todo aquello que parezca alimentar el fuego de la emotividad, para poder seguir con la agenda predeterminada del servicio. Esto es, a menudo, una equivocación. Es mejor dejar que Dios haga lo que quiere hacer, y confiar en que limpie toda posible consecuencia.

Es difícil desarrollar sensibilidad hacia el Señor. Hay momentos en que hay que seguir adelante, y otros en que hay que *esperarlo*.

Por ejemplo, no arriesgamos a apagar al Espíritu de Dios cuando ensayamos la adoración extravagante, pero luego elegimos la seguridad de la actuación humana predecible y priorizamos la satisfacción de los humanos.

Robert Murray Mc'Cheyne, el gran pastor escocés y contemporáneo del Pastor Daniel Webster, a menudo recibía a los más grandes cantantes de ópera en las reuniones de su iglesia en Escocia. Era habitual que las personas que asistían a dicha reuniones se sentaran a esperar a Dios durante cuatro horas, sin hacer nada, para volver luego a sus hogares. En ocasiones, el Espíritu del Señor se movería, Mc'Cheyne predicaba, llegaba la gloria y la congregación cantaba himnos durante horas. Los cantantes de ópera también cantaban, y la gloria de Dios caía sobre todos, mientras continuaban cantando durante horas, hasta el amanecer.[1]

Era como si estuvieran diciéndose unos a otros: "Bien, veamos qué es lo que quiere hacer el Señor. Si elige no hacer nada, nos iremos a casa".

Mis momentos favoritos en Brownsville son las conferencias de adoración especiales, en las que todos –incluso los disertantes ya programados– llegan con sed de la presencia de Dios. Tan solo adoramos al Señor y cantamos todas las canciones que conocemos. Si se termina el repertorio, continuamos inventando canciones, alabando al Señor y adorándolo.

A veces permanecemos en silencio durante un tiempo ante el Señor, y simplemente esperamos para ver qué es lo que Él quiere hacer. Si surge otra canción de nuestros corazones, entonces también se la cantamos.

ADORE AL SEÑOR COMO MEJOR SEPA HACERLO

Me gusta mucho adorar a Dios, pero he notado que nos volvemos muy críticos de otras personas, cuando se trata de la adoración en público. La verdad, es que la adoración proviene del corazón y debe ofrecerse únicamente a Dios. ¡Las opiniones de los demás seres humanos tienen muy poco que ver!

Hay personas que creen que solo puede adorarse a Dios cuando uno se muestra contrito y visiblemente quebrado ante los demás.

Otras dirán que hay que inclinarse y llevar el rostro al suelo, siempre que adoremos a Dios. Y hay otras, que dicen que no se adora a Dios a menos que uno esté llorando. Unos pocos creen que para adorar verdaderamente a Dios, hay que bailar.

Todas estas actitudes pueden verse como adoración, pero esta no está limitada a la exteriorización. Hay personas que adoran a Dios sin mostrar jamás emoción alguna, pero esto no es lo que sucede con la mayoría de nosotros.

Si usted se emociona a causa de otras cosas –como un partido de básquetbol, de fútbol o las bodas y nacimientos– no puede decir: "No soy del tipo emotivo para adorar a Dios".

Estoy convencido de que nos han enseñado a no mostrar emoción cuando adoramos a Dios. Esto me insta a repetir lo que Dios dijo a Adán en el Jardín: *"¿Y quién te ha dicho que estás desnudo?"* (Génesis 3:11). A veces me gustaría preguntarles a las personas, en representación de Dios: "¿Quién te dijo que no puedes mostrar emoción cuando tratas conmigo?"

DIGA "GRACIAS"

Soy solo un hombre común, pero estoy convencido de que si tuviera un millón de vidas por vivir, jamás podría agradecer y adorar a Dios lo suficiente.

Si tuviera que enumerar las cosas que Dios ha hecho por mí, tan solo durante los últimos treinta días, cosas por las que jamás dije: "gracias", se me rompería el corazón. Creo que comprendo al autor de himnos Charles Wesley, que dijo: "¡Oh, si tuviera mil lenguas!"

La mayoría de las personas que conozco –y me incluyo– admiten que suelen olvidarse de agradecer a Dios, aún cuando Él nos cuida de día y de noche, nos provee alimento, refugio, salud, trabajo y amor incondicional.

Imagine la enorme cantidad de cosas por las que podría usted agradecer al Dios, y piense en la cantidad de lugares en el mundo, en donde ahora mismo lo maldicen. Hay gente que lleva banderas, carteles y pancartas en contra de Dios y de su reino; ¡nuestra sociedad decadente intenta empujar a Dios fuera de cada uno de los sectores de la vida nacional!

Hollywood gana millones de dólares a costa de Dios, al arrojar en su rostro con total desparpajo todo tipo de desafíos e insultos. Los abortistas y las mujeres desesperadas, sin guía, ofrendan millones de niños aún sin nacer al falso dios de la violencia egoísta, cada día en nombre de la mal llamada libertad personal.

Cuando pienso en todo esto, quiero llorar, y a veces deseo orar diciendo: "Soy solo una persona, Señor ... pero si te adoro en público y en privado, quizá alguna vez pueda reparar algo del mal que mi raza dirige hacia ti todo el tiempo".

Olvide los botones, Dios no es un ascensor

Muchos de nosotros intentamos tratar a Dios y a su visitación espiritual como si fuesen un ascensor. Tenemos la tendencia a apretar el botón que funcionó la última vez, suponiendo que también esta vez lo hará. Parece natural, porque muchas veces logramos duplicar resultados en el mundo, pero con Dios las cosas no funcionan de la misma manera. Olvidemos los botones, Dios no es un ascensor.

Estoy convencido de que el Señor se mantiene indefinible a propósito. El seguir a Cristo es dejar el control y entregarnos por completo a Él. Él desea hacer las cosas a su modo, pero nosotros también queremos hacerlas a nuestro modo. Es Dios el que controla los botones, no nosotros.

Para algunas personas es casi imposible dejar de controlarlo todo y dejar que Dios haga lo que Él quiere hacer. Actuamos como si

Dios hubiera caído de su trono y fuera incapaz de manejar en forma competente las situaciones que surgen en nuestras vidas.

He conocido a maravillosos líderes de la iglesia, que a causa de genuino afecto pastoral no estaban seguros de permitir la libertad en la adoración. Un pastor me dijo que sentía sed y hambre de ver cómo se movía el Señor, y creo con todo mi corazón que verdaderamente estaba diciendo la verdad. Sin embargo, enseguida dijo: "Ahora mira, intentamos salir de aquí a una hora determinada. Debemos ser conscientes de que esta es una noche de la semana de trabajo. La gente debe levantarse temprano mañana, para ir a trabajar, para llevar los niños a la escuela. Así que, por favor fíjate de manejar bien los tiempos".

La voluntad de Dios en cuanto a moverse con poder durante un servicio de adoración, no dependerá necesariamente de cuánto tiempo dediquemos a la rutina habitual. Sin embargo, por lo general nos movemos en dirección opuesta.

CONSUMA EL CONOCIMIENTO DE LO QUE DIOS VALE

Siento como si me consumiera el conocimiento de que Dios vale tanto. Él ha plantado en mí una pasión que me da la fuerza y la determinación de liderar a las personas durante la adoración, tanto si estoy sano, como si estoy agotado, enfermo o disfónico.

Entiendo que Dios es omnipotente –todopoderoso– por lo que todo el abuso, las maldiciones y los desafíos violentos que nuestra raza arroja en su contra, no tienen absolutamente ningún poder. Todo lo malo de nosotros, unido y puesto en su contra a la vez, no puede llegar siquiera a romper la gracia de su sonrisa, o a hacer pestañear sus amorosos ojos.

Sin embargo, me siento eternamente en deuda con Él, por su amor y sacrificio. Debo hacer que en todas partes las personas lleguen a saber que únicamente Dios es nuestra constante fuente de bendición, perdón, fuerza y amor de Padre.

Quiero ser un instrumento en manos del Señor, que despierte el hambre por Dios en los corazones de los hombres, las mujeres, los niños y las niñas.

El hambre por Dios surge del mismo modo en que sentimos hambre por la comida, cuando pasamos algún tiempo sin comer. ¿Alguna vez ha sentido que Dios se ha alejado de su vida? Este es el valle de la desesperanza, que da lugar al hambre más grande que pueda experimentar el alma humana.

Por eso, debemos aprender a poner en práctica el arte perdido de esperar por Dios. No se tensione; solo confíe en lo que el Espíritu Santo intenta hacer. Y no se rinda a la tentación de la carne de hacer que algo suceda, o de acelerar los tiempos sin permiso divino.

ENTREGUE EL CONTROL

De seguro apenaremos al Espíritu Santo si nos volvemos demasiado conscientes de las opiniones de los demás seres humanos que, por otra parte, son opiniones que cambian continuamente. Si ejercemos el control humano, podremos obstaculizar lo que Dios desea hacer. Es tiempo de que entreguemos el control a Dios en todas las áreas de la vida y el ministerio.

¿Siente usted hambre de Dios? ¿Sueña con el avivamiento, con la intimidad grupal con Dios? Hable con los líderes de su iglesia. Pregunte si puede reunirse con otras personas para buscar a Dios, personas que tengan su misma inquietud. Antes o después del servicio, reúnase con líderes, músicos, intercesores o cantores que también tengan hambre de ver a Dios moviéndose.

Cuando termine el servicio, invite a todos los que anhelen más a quedarse en presencia del Señor. Si los líderes de la iglesia están de acuerdo, avise a la congregación para que todos los que quieran puedan quedarse también.

Dondequiera que voy, encuentro que hay más y más personas que eligen quedarse para esperar al Señor. Hay personas en todo el mundo que buscan una relación íntima con el Dios viviente. Ya están hartos de la religión y la tradición vacía. Quieren más.

¿Cuántos maravillosos líderes y congregaciones son manipulados por unos pocos, para que dejen el edificio de la iglesia lo antes posible? Hay un creciente porcentaje de personas que preferirían quedarse y esperar por la presencia de Dios.

Hemos notado en el avivamiento de Brownsville que Dios *visita más a menudo a quienes lo esperan con mayor paciencia.* Es en ese tiempo de espera, en ese período de calma después de que se han ido casi todos, que vemos más milagros, liberaciones y transformaciones sobrenaturales. Quién sabe: si su iglesia comienza a marcar un tiempo para que las personas esperen al Señor, ¡puede ser que comience a suceder algo sin precedentes!

Dios quiere que *esperemos por Él.* Los que esperan son los que obtienen, en la casa de Dios. Si esperamos por el Señor y buscamos su presencia manifiesta, Él vendrá.

HAMBRE DE SU PRESENCIA

¿Está usted verdaderamente hambriento de su presencia? ¿Se siente lo suficientemente hambriento como para *esperarlo?* Pregúntese si los ciento veinte que recibieron la promesa del Espíritu Santo en el aposento alto, lo hicieron enseguida, o si debieron esperar o "quedar en suspenso".

Y yo enviaré sobre ustedes lo que mi Padre prometió. Pero ustedes <u>quédense aquí</u>, en la ciudad de Jerusalén, hasta que reciban el poder que viene del cielo (Lucas 24:49).

LOS QUE ESPERAN SON LOS QUE OBTIENEN, EN LA CASA DE DIOS

Fue casi como si Jesús les estuviera advirtiendo: "Oigan, no se apuren por salir de aquí. No se impacienten porque yo no llego el primer día. Estén dispuestos a esperar hasta recibir el poder".

Este concepto de la espera es totalmente desconocido para la mayoría de los estadounidenses. Hablando en términos generales, no me gusta esperar por nada y, sin embargo, hay algunas cosas –y una persona, Dios– por las que *vale la pena* esperar. Suceden cosas maravillosas cuando las personas comienzan a esperar por Dios, aunque sea una vez a la semana.

ESPERE POR DIOS JUNTO A SU GRUPO DE AMIGOS HAMBRIENTOS DE ÉL

Estoy convencido de que se sorprenderá si usted y su grupo de amigos hambrientos de Dios comienzan a esperar por Él. Aún si comienzan siendo solo dos o tres personas, es posible que Dios los sorprenda y se presente de maneras milagrosas. Allí es cuando "la multitud hambrienta" comienza a crecer en número.

Con mis horarios tan enloquecidos, lo último que quiero hacer es esperar en la iglesia después de un servicio, ¡pero estos períodos de espera se cuentan entre mis momentos favoritos! Uno no sabe qué sucederá. Justo cuando pensamos que ya todo ha terminado, la presencia manifiesta de Dios sobreviene repentinamente, y todo parece estallar en nuevas olas de gozo y poder divinos.

¿Le suena tentador? Únase a los que esperan con hambre de Dios, con los pacientes desesperados por Él. Si lo busca, lo encontrará. Si lo espera, Él vendrá a reunirse con usted.

CAPÍTULO 12

Sensible a Dios

La clave de la vida en abundancia

Si bien sé que no puedo hablar por las demás personas, sé que mi amor por Amber, mi esposa, me ha obligado a reevaluar con cuidado ciertas prioridades en mi vida.

Solía yo pasar mucho tiempo con un grupo de amigos, antes de casarme. Como sucede con la mayoría de las personas que se enamoran, comencé a pasar más y más tiempo con mi amada, y menos tiempo con el resto de mis amigos. Esto se evidenció con mayor claridad cuando noté que la mujer que amaba por sobre todas las cosas, no se sentía a gusto con algunos de mis amigos.

Como las preferencias y deseos de Amber me importaban mucho, el amor me hizo hacer algunos cambios.

Lo mismo debiera suceder cuando Dios entra en nuestras vidas. Sus deseos y preferencias deben estar por encima de todo lo demás, pero no siempre es así. A pesar de que Jesús hizo lo necesario como para que el Espíritu Santo viviera en nuestros corazones y nos guiara en toda verdad, hemos creado un pequeño problema: no dejamos que Él nos guíe. Muchas veces ni siquiera lo tomamos en cuenta. Parece que solo dejamos que Dios entre en escena cuando estamos en crisis, como si fuera nuestro rescatador personal.

Otro de los problemas, es que no dejamos abiertas nuestras líneas de comunicación personal con Dios. Dios quiere que le hablemos *personalmente* y, sin embargo, muchos de nosotros seguimos dependiendo de otras personas para que le hablen y lo escuchen *en representación de nosotros*. Parece mucho más fácil llamar al predicador y preguntar: "¿Está bien si hago esto? ¿Qué dice la Biblia acerca de ello?

¿ES USTED NOBLE, O NO TAN NOBLE?

Según la Biblia, las personas que personalmente ponen a prueba las cosas que oyen, contrastándolas con la Palabra de Dios, tienen carácter más noble que quienes no lo hacen:

> *Estos judíos, que eran de mejores sentimientos que los de Tesalónica, de buena gana recibieron el mensaje, y día tras día estudiaban las Escrituras para ver si era cierto lo que se les decía* (Hechos 17:11).

El plan de Dios a lo largo del tiempo, ha sido el de plantar su Palabra en lo profundo de nuestros corazones, para que la aceptemos con "gran avidez". Él declaró por medio de Jeremías: *"Esta será la alianza que haré con Israel en aquel tiempo: <u>Pondré mi ley en su corazón y la escribiré en su mente</u>. Yo seré su Dios y ellos serán mi pueblo"* (Jeremías 31:33).

Cuando aceptamos lo que Dios ha puesto en nuestras mentes y nuestros corazones, somos capaces de actuar con mayor nobleza. Por ejemplo, si alguien se enoja por la música que escucha usted en el automóvil, no le molestará apagarla, por cortesía, aún si no lleva la ley de Dios escrita en el corazón y en la mente. Pero si la ley de Dios está viva en su mente y en su corazón, pensará dos veces antes de elevar el volumen por encima de los niveles aceptables, si estamos en un lugar concurrido. Por supuesto, siempre recordamos las *excepciones* a la regla.

RECIBA A DIOS

¿Estamos dispuestos a permitir que entre Dios en nuestras vidas, en nuestros hogares e iglesias? ¿Estamos receptivos para oír su voz? ¿O simplemente lo ignoramos porque Él es invisible?

Muchas de las personas que cada semana se sientan en los bancos de la iglesia han quedado casi adormecidas espiritualmente a lo largo del tiempo, por lo que ya no saben sentir lo que Dios siente. Hay solo un modo de despertar la sensibilidad hacia Dios, una sola manera de hacerlo: por medio de la adoración y la intimidad con el Señor.

Hable con cualquier grupo de hombres o mujeres en su lugar de trabajo, y descubrirá que cada una de estas personas ha aguzado su capacidad receptiva, de diferentes modos. Algunos hombres conocerán el nombre y actuación de cada uno de los jugadores profesionales de la asociación de básquetbol. Otros sabrán los hombres, posiciones, estadísticas y potencial comercial de los jugadores y equipos de la liga de béisbol. Los adolescentes y niños podrán recitar y cantar de memoria, entre cincuenta y sesenta letras de canciones. Todas estas personas, sin embargo, deben verse en figurillas cuando se les pide que reciten con exactitud tres versículos de la Biblia. ¿Por qué? Somos receptivos y agudos en las áreas que decidimos y consideramos más importantes para nosotros.

Quizá esta actitud no receptiva sea la razón por la que la mayoría de los creyentes no están preguntándose: "¿Qué pasa con este Salvador que ha sido maltratado y rechazado, cuando lo único que Él hizo ha sido dar? ¿Qué decisión tomaré acerca de Aquel que dijo: *"Si alguien quiere seguirme, que se niegue a sí mismo, que tome su cruz cada día y me siga"* (Lucas 9:23)? ¿Quién responderá al desafío de adorarlo? ¿Quién dará todo lo que tiene, para recibir todo lo que Dios tiene para dar?

> CUANDO ACEPTAMOS LO QUE DIOS HA PUESTO EN NUESTRAS MENTES Y NUESTROS CORAZONES, SOMOS CAPACES DE ACTUAR CON MAYOR NOBLEZA.

Desensibilizados con el correr del tiempo

Muchos cristianos viven como si Dios fuera frío, no brindara respuestas y hasta tomara venganza. Sin embargo, la verdad que el mundo debe ver es que amamos y servimos a un Dios que con gozo anticipa el momento en que comencemos a entregarle nuestra tensión y a demostrarle nuestro amor. Él derrama sobre nosotros sus bendiciones, es el Dios más que suficiente, que se niega a permitir que en modo alguno le demos más de lo que Él nos da.

¿Por qué sería difícil adorar a un Dios como este? no es difícil a menos que ya haya decidido lo contrario. Pero la raza humana realmente ha funcionado bien respecto de atenuar y hacernos perder nuestro apetito por Dios, al tiempo de aguzar nuestro gusto por alternativas perecederas.

Los estudiantes avanzados de artes marciales a menudo se esfuerzan por desensibilizar los nervios en lugares clave de sus cuerpos, para que al no sentir dolor aumente su capacidad de competir o defenderse. Algunos estudiantes de karate pegan con sus puños contra tanques llenos de arena caliente, y otros que practican *thai* pegan con las pantorrillas contra troncos de árboles, para que los nervios pierdan la sensibilidad al dolor. Otros grupos suelen pelear entre sí, sin misericordia, pegándose y pateándose unos a otros hasta que su nervio primario, el cerebro, desarrolle la capacidad de desconocer toda señal de dolor.

El apetito del cuerpo humano naturalmente busca los alimentos saludables que ingerimos. Así desarrollamos un gusto por algunas comidas y bebidas desagradables que nos forzamos a ingerir. El cuerpo humano instintivamente envía fuertes señales de advertencia si consumimos gran cantidad de estas sustancias, pero desconocemos estas advertencias, y desensibilizamos nuestros sentidos mediante la repetición decidida y tenaz.

Ningún alcohólico o fumador empedernido nació adicto. La mayoría admitirá que tosieron o se atoraron violentamente cuando dieron sus primeras pitadas a un cigarrillo, o cuando tomaron su primer vaso de alcohol.

Todos los seres humanos tenemos la capacidad de desensibilizarnos con el correr del tiempo, por medio de la repetición o el dominio controlado de la sensibilidad.

El espíritu humano también tiene un apetito natural por Dios, y la adoración mantiene vivos y agudos el apetito y la sensibilidad a la presencia de Dios.

Cuando pasamos algún tiempo alejados de la presencia de Dios, nuestros sensores espirituales se adormecen, mientras aguzamos nuestra sensibilidad a todo lo demás que esté relacionado con nuestro nuevo interés o actividad. Si no pasamos tiempo con el Señor, nos volvemos casi sordos, poco receptivos o incapaces de responderle. Llegamos a un punto en que no podemos percibir su presencia, ni oír su voz. No comprendemos por qué todos los que están en la misma habitación sienten algo, y nosotros no sentimos nada. Es porque nos hemos vuelto sordos, nuestros sensores espirituales se han contaminado.

Arraigado en el amor

Prácticamente todos en esta generación han oído acerca de los diabólicos planes de Adolf Hitler para exterminar a los judíos durante la Segunda Guerra mundial. Muchas menos personas se dan cuenta de que el demente dictador en realidad obligaba a los judíos a que ayudaran a las SS nazis para que hicieran su sucio trabajo.

> UNA RELACIÓN BASADA EN EL AMOR, PRODUCE ACCIONES Y DECISIONES ARRAIGADAS EN EL AMOR, EL RESPETO Y UN INTENSO DESEO DE AGRADAR Y BENDECIR A DIOS.

Los judíos a menudo se alineaban con sus hermanos, y los obligaban a caminar hacia la muerte en las cámaras de gas. ¿Cómo es posible que hicieran tal cosa? Los secuaces de Hitler elegían a los más fuertes de entre los obreros judíos y les decían que si querían sobrevivir, tendrían que hacer lo que se les ordenaba.

Las tareas asignadas –razonables en un comienzo– se volvían más y más asquerosas, hasta que estos judíos se hallaban a sí mismos guiando a sus compañeros hacia las cámaras de gas, y luego llevando sus cadáveres a los hornos y a las tumbas colectivas. No se les daba otra alternativa más que la muerte, pero muchos habrían elegido la muerte si no se les hubiera desensibilizado con el correr del tiempo.

También los cristianos nos encontramos haciendo lo impensable, cuando el pecado ha desensibilizado nuestras almas respecto de lo que está bien y lo que está mal. La única cura, el único tratamiento preventivo contra la desensibilización es vivir en arrepentimiento ante Dios.

No hablo del arrepentimiento legalista, que dice que si uno mira películas que no debe, el Espíritu de Dios nos abandonará. Hablo que nuestra vida en arrepentimiento implica medirlo todo, todo lo que hacemos y decimos, según el parámetro del amor de Dios y lo que a Él le complace.

Pregúntese: "¿disfrutaría el Señor ver esta película conmigo?" Si la respuesta es no, entonces probablemente debiera no verla. ¿Por qué? Porque Dios es el amor de su alma, su compañero y amigo incondicional, además de su Salvador y Rey. Usted modifica su comportamiento, no porque Dios podría enviarlo al infierno, sino porque es algo que podría no agradar a Aquel a quien usted ama por encima de todo lo demás.

¿Ve ahora la diferencia? Una relación basada en el temor, produce acciones y decisiones arraigadas en el temor al dolor o al castigo. Pero una relación basada en el amor, produce acciones y decisiones arraigadas en el amor, el respeto y un intenso deseo de agradar y bendecir a Dios.

ROMPA SU CORAZÓN

Si se pregunta la razón por la que le digo todas estas cosas, es muy simple: quiero despertar en su corazón un deseo, un hambre mayor por Dios. Para ser franco y sin diplomacia, espero que este capítulo le rompa el corazón al mostrarle cómo hemos apenado a Dios mediante nuestra falta de atención y carencia de respuestas.

Oro para que esto produzca pena divina en nosotros toda vez que la necesitemos, y afecto y amor hacia Dios, en todos los casos.

Sueño con ayudar a crecer a una generación de personas que adoren a Dios con tal pureza y fervor, que llenen la Tierra con su alabanza y liberen su gloria entre las naciones.

Anhelo ver a personas de todas las edades y nacionalidades, que se deleitan en amar a Dios y darle gloria. Encontrarán gozo solo al estar cerca de Él, al hablar sobre Él y al permitir que su amor y presencia llenen cada una de las áreas en sus vidas.

Que ninguno de nosotros se conforme con lo que es o tiene en este momento con el Señor. Pablo dijo: *"Por eso, todos nosotros, ya sin el velo que nos cubría la cara, somos como un espejo que refleja la gloria del Señor, y vamos transformándonos en su imagen misma, porque cada vez tenemos más de su gloria, y esto por la acción del Señor, que es el Espíritu"* (2 Corintios 3:18).

¡Seguramente, hay más de la gloria de Dios de lo que hemos visto hasta ahora! Dios quiere llevarnos más lejos, más alto en Él, que le glorifiquemos mientras dura este proceso.

Como adoradores de Dios, deberíamos sentir la ardiente necesidad de ver a otros adorar al objeto de nuestro afecto. Nuestra felicidad y gozo debiera multiplicarse a medida que atrajéramos a más y más personas hacia la adoración divina, y le ofreciéramos a Dios más adoración sincera y sin restricciones.

¿QUÉ FUE LO QUE ENCENDIÓ EL DESEO EN MÍ?

Alguien me preguntó qué fue lo que encendió en mí el deseo de escribir este libro. Respondí: "Sucedió mientras viajaba para visitar diversas iglesias en el país, y me mezclé entre las personas no salvas. Hay una multitud de personas no salvas, que caminan sobre una cuerda floja y necesitan al Salvador. Al mismo tiempo, la iglesia está llena de personas que dicen conocer la verdad, pero raramente actúan siguiendo lo que esta indica. Dicen que adoran al Señor, pero llenan el tiempo de sus reuniones con cosas ajenas a Él, incluso la música especial que interpretan músicos excelentes, los sermones dados por grandes predicadores o las bellísimas tarjetas de invitación que mandan a imprimir".

¿Y qué hay de Dios? Cuando comencé a examinar lo que llamamos adoración, observé que de todo ello, a Dios le quedaba muy poco, prácticamente nada. Él aparece siempre, en todos los servicios, pero una y otra vez descubre que se habla *acerca* de Él, y no directamente *a* Él.

Quiero que Dios obtenga lo que merece. Estoy cansado de ir a iglesias en las que debo casi sobornar a las personas prometiéndoles una bendición, o un cambio, solo para que adoren a Dios.

¿Quién lo adorará, simplemente porque Él es Dios, porque Él lo vale?

Hay muchos cristianos que comprenden muy bien las bendiciones que Dios derrama sobre los que lo honran fielmente con ofrendas y entrega. Del mismo modo, estoy convencido de que la adoración extravagante da como resultado extravagante bendición y favor, que proviene de nuestro bendito Dios.

Conviértase en la peor pesadilla del diablo

Cuando el pueblo de Dios comience a adorar a Dios sin inhibición o timidez, verán familias enteras volverse a nuestro creador. Habrá situaciones imposibles que se revertirán, mientras adoran a Aquel para quien todo es posible. Al adorar a Dios, nos convertimos en la peor pesadilla para el diablo.

Un verdadero y sincero adorador solo quiere estar con el objeto de su adoración. Solo Dios es el objeto divino de nuestra santa adoración. Cuando nos acercamos a Él en adoración, el diablo no puede amenazarnos, ni siquiera con la muerte. El único modo en que puede alcanzarnos, es si se esfuerza y sobrepasa a Dios todopoderoso. Pablo lo dijo de la siguiente manera.

Pues ustedes murieron, y Dios les tiene reservado el vivir con Cristo (Colosenses 3:3).

Los adoradores de Dios –¿no debiera esta frase ser sinónimo de cristianos?– en verdad esperan con ansias la muerte, porque significa que pronto verán a Dios cara a cara. Las amenazas de calamidades económicas no significan nada para ellos, porque saben que Él aún está a cargo de la situación. Lo adorarán tanto si tienen millones en el banco, como si solo cuentan con unos centavos en el bolsillo.

Aquí está el fondo de la cuestión: los adoradores sinceros de Dios no pueden ser comprados, amenazados, empujados o manipulados para que se alejen de su verdadera vocación, y Satanás no tiene poder alguno para detenerlos. Desdichadamente, demasiadas personas quieren cobrar su herencia antes de pagar el precio de convertirse en sinceros adoradores.

Dios no da sus bendiciones libremente, sin requisitos. Nos recibe libremente cuando acudimos a Él en pecado, pero requiere de nosotros que nos arrepintamos de nuestros pecados y nos entreguemos a Él como Señor y Salvador, antes de darnos el regalo de la salvación.

DEME UN PASE AL CIELO, Y UN CAMIÓN LLENO DE BENDICIONES, POR FAVOR

En este punto, el versículo que citamos anteriormente entra a jugar un papel importante: debemos negarnos a nosotros mismos cada día, tomar nuestra cruz y seguir a Dios (ver Lucas

9:23). Parecería que algunas personas preferirían decir: "Solo queremos un pase de ida al cielo y un camión lleno de bendiciones de Dios. Podemos prescindir de la parte de negarse a sí mismo, y de lo que sigue también".

Quien cree que Dios no quiere nada de nosotros, deberá verificar el hecho de que Jesús dijo dos cosas, que son los dos mayores mandamientos de Dios:

> Jesús le dijo: –"Ama al Señor tu Dios con todo tu corazón, con toda tu alma y con toda tu mente". Este es el más importante y el primero de los mandamientos. Pero hay un segundo, parecido a este; dice: "Ama a tu prójimo como a ti mismo". En estos dos mandamientos se basan toda la ley y los profetas (Mateo 22:37-40).

La obediencia trae consigo bendiciones. La desobediencia, no. Dios derramará sobre usted más bendiciones y favor divino –quizá más de lo que pueda usted llevar– si obedece la Palabra de Dios. Por otra parte, Dios no es ningún tonto. ¿Qué pensaría usted de un padre que todo el tiempo permitiera que su hijo de tres años lo manejara y manipulara a voluntad?

Amor, por las razones correctas

Sé perfectamente cuándo mi hijo pequeño me quiere más a mí que a las bendiciones que puedo darle. ¿Cómo lo sé? Su conducta es muy predecible. Puede derretir mi corazón cuando se sube a mi falda sin más que todo su amor, me besa la mejilla y me dice: "Te amo, papá". Y es aún mejor cuando dice: "Déjame darte otro besote".

Una vez, mientras estaba ejerciendo el ministerio en California, supe que mi estadía de cuatro días debería extenderse a una semana y media. Normalmente, soy cuidadoso en evitar alejarme de casa durante largos períodos, pero la situación no dependía de mi control.

Mi hijito solía esperar que le llevara regalitos cuando volvía a casa luego de un viaje corto, por lo que cuando hablábamos por teléfono, solía preguntarme por el juguete, y no por mí.

Esta vez, el período de separación era más largo, lo que produjo un cambio que no pude dejar de notar.

Sonó el teléfono en mi habitación del hotel y al responder, oí la voz de mi pequeñito que decía: "Te amo, papá. Te amo. Te echo de menos. No te he visto en taaaaaaaanto tiempo. ¿Cuándo vuelves a casa, papá?"

Mi hijo no me estaba preguntando por un juguete esta vez, pero yo sabía que al verlo, ¡querría llevarle algo extra especial! Esta vez la larga espera hizo que él me quisiera a mí, mucho más que a cualquier juguete, y mi corazón de padre casi estalla de amor y ansias de estar con él.

Si comprendemos esta dinámica como padres terrenales, ¿cuánto más percibirá nuestro Padre Celestial el motivo por el que nos acercamos a Él en alabanza? Dios sabe cuando nos acercamos a Él únicamente con motivos egoístas. También sabe cuando nos acercamos a Él con regalos de amor, adoración y alabanza, proveniente de corazones puros.

¿Dónde está esa banda de adoradores sin egoísmo?

¿Cuántos de nosotros amamos a Dios o le ofrecemos alabanza únicamente cuando estamos en problemas? ¿Cuántos le ofrecemos adoración únicamente cuando queremos algo? ¡Dios busca una banda de adoradores sin egoísmo, que lo aman tanto si viven como si muere, tanto si son ricos como pobres, en salud y en enfermedad!

Entiendo que la Biblia está llena de un tesoro de promesas, respecto de nuestra salud, nuestra riqueza y nuestro bienestar; y agradezco cada una de ellas. Sin embargo, me pregunto cuántos de nosotros estaríamos dispuestos a subirnos hasta la falda de Dios, cuando nuestros cuerpos están abatidos por el dolor, para decirle: "Señor, sé que tú sanas y liberas a tus hijos, como siempre lo haces, y creo que estás sanándome. Pero mi amor por ti no se ve afectado por lo que hagas. Job lo dijo de la mejor manera: *"El Señor me lo dio todo, y el Señor me lo quitó; ¡bendito sea el nombre del Señor!"* (Job 1:21).

Dios ya ha plantado en usted el deseo y la capacidad de amarlo. Aún antes de que lo recibiéramos como Señor y Salvador, teníamos al menos una capacidad rudimentaria para percibir su presencia. Solo que no lo sabíamos. ¡Cuántas veces hemos oído decir a personas que no son necesariamente creyentes: "Algo me dijo que así era"!

El diablo no promueve a su divino oponente

¿Qué o quién pensamos que es ese "algo"? Nuestra tarea consiste en darle un nombre. Satanás seguramente no advertiría a alguien para que hiciera algo bueno y relacionado con Dios, porque el diablo no promueve a su divino oponente.

El conocimiento interno de Dios aparece en forma temprana durante nuestro desarrollo. Cuando le digo a mi hijo pequeño que no haga algo, hay momentos en que me mirará y lo hará de todos modos.

Sé qué es lo que sucede, porque recuerdo momentos de mi propia infancia. Justamente debajo de sus costillas está esa pequeña cosa que llamamos espíritu. Él sabe cuándo está haciendo algo que no debe, porque ese algo cosquillea y se mueve dentro de él. Todos lo hemos experimentado, y cuando somos mayores lo llamamos conciencia.

La Biblia hace referencia a la conciencia, al responder la antiquísima pregunta acerca del destino de los que nunca llegan a oír el evangelio antes de morir:

Pues no son justos ante Dios lo que solamente oyen la ley, sino los que la obedecen. Porque cuando los que no son judíos ni tienen la ley <u>hacen por naturaleza</u> lo que la ley manda, ellos mismos son su propia ley, pues muestran por su conducta <u>que llevan la ley escrita en el corazón. Su propia conciencia lo comprueba</u>, y sus propios pensamientos los acusarán o los defenderán (Romanos 2:13-15).

Si los no salvos tienen la capacidad básica de reconocer la presencia de Dios y de comprender los principios fundamentales del bien y el mal, entonces los creyentes debiéramos estar años luz por delante de ellos. ¿Lo estamos?

¿ESTAMOS FASCINADOS, ENAMORADOS?

Sueño con ver al pueblo de Dios tan fascinado y enamorado de Él, que comiencen a oír su voz de manera sin precedentes, mientras aprenden los caminos de su presencia y su gloria. En ese punto, las cosas que nos dividen ya no tendrán importancia.

¿Cómo entramos en el secreto lugar del gozo?

El profeta Zacarías declaró una vez a un líder que estaba en situación imposible: *"Esta es la palabra de Jehová para Zorobabel, y dice: 'No con ejército, ni con fuerza, sino con mi espíritu, ha dicho Jehová de los ejércitos'"* (Zacarías 4:6).

El secreto lugar del gozo está en un único lugar: en la presencia del Señor. Dios ha dado indicaciones precisas sobre cómo acercarnos a Él y entrar en su gozo. Por ello, la verdadera pregunta que debemos hacer es: ¿estamos dispuestos a pagar el precio, y hacer de Él nuestro primer amor?

Percibo que muchos cristianos, muchas congregaciones y muchos líderes de la Iglesia luchan por cumplir sus destinos hoy.

Sienten creciente frustración y penosa fatiga. Muchos ni siquiera se dan cuenta de que la frustración sigue acosándolos porque continúan haciendo las mismas cosas religiosas y practicando los mismos errores humanos que cometieron en el pasado. Es tiempo de recuperar y reclamar su sensibilidad al corazón de Dios.

Todo está encerrado en el sencillo mandamiento del Señor: debemos amar al Señor nuestro Dios con todo nuestro corazón, y esperar en Él.

Cuando reconfiguramos nuestros afectos y renovamos nuestras mentes para ver a Dios elevado en lo alto, y permitimos que su gloria venga a nosotros, desaparecerán toda preocupación y toda atención puesta en nuestros propios compromisos y ministerios.

¿Qué es mejor? ¿Fabricar nuestra propia felicidad utilizando nuestras propias fuerzas, ideas y "santidad"? ¿O debiéramos entrar en el secreto lugar del gozo mediante un reordenamiento de nuestras vidas y ministerio, para dar la bienvenida a la presencia manifiesta de Dios? ¡La elección es, de hecho, de nosotros!

Jesús prometió:

> CUANDO RECONFIGURAMOS NUESTROS AFECTOS Y RENOVAMOS NUESTRAS MENTES PARA VER A DIOS ELEVADO EN LO ALTO, Y PERMITIMOS QUE SU GLORIA VENGA A NOSOTROS, TODA PREOCUPACIÓN Y TODA ATENCIÓN PUESTA EN NUESTROS PROPIOS COMPROMISOS Y MINISTERIO, DESAPARECERÁN.

Yo he venido para que <u>tengan vida</u>, y para que la tengan <u>en abundancia</u> (Juan 10:10).

El Señor ya hizo su parte. Ahora debemos dejar de lado toda idea preconcebida acerca de la religión y la "iglesia", y simplemente sentarnos a sus pies para adorar a Dios. Nos ha llamado y ungido para entrar en su presencia. Este es el secreto para llegar al secreto lugar del gozo, y la clave a la vida en abundancia en Cristo.

NOTAS

Capítulo 1

1. Para mayor información acerca de los significados originales de la palabra hebrea *yada*, en el sentido de "conocer", consulte un diccionario de la Biblia, o una concordancia como la de James Strong: *Strong's Exhaustive Concordance of the Bible* (Peabody, MA: Hendrickson Publishers, 1988).

Capítulo 2

1. James Strong, *Strong's Exhaustive Concordance of the Bible* (Peabody, MA: Hendrickson Publishers, 1988), s.v. "estación".

Capítulo 4

1. Reconozco que muchos teólogos parecen sentir disgusto personal por toda referencia bíblica a lo antropomórfico –atribuir emociones o atributos humanos a Dios– pero es palabra de Dios, no nuestra. Si Dios eligió enviar a su único Hijo en la carne, para que diera su vida por nosotros, ¿quiénes somos para quejarnos al respecto, o desafiar su criterio (ver 1 Juan 4:1-3)? Aún más, ¿quienes somos para reeditar o resumir la Palabra de Dios al respecto?

Capítulo 5

1. Lindell Cooley, *A Touch of Glory* (Pensacola, FL: Music Missions Intl., 1997), p. 125.

Capítulo 6

1. Esta afirmación se basa en el pasaje de las Escrituras citado más adelante en el mismo capítulo: "Y [Jesucristo] ha hecho de nosotros un reino; nos ha hecho sacerdotes al servicio de su Dios y Padre. ¡Que la gloria y el poder sean suyos para siempre! Amén" (Apocalipsis 1:6).

2. Según James Strong, en Strong's Exhaustive Concordance of the Bible (Peabody, MA: Handrickson Publishers, 1988), Pablo utilizó la palabra griega lupeo para describir lo que llamamos "apenar" al Espíritu Santo. El significado de Strong para esta palabra y su raíz lingüística incluyen "desesperar, reflejar, pasar, estar triste, causar pena, dolor, pesadez, (estar) apenado, (hacer sentir) pena... lupe: tristeza-pena, dolor con pena, pesadez, triste".

Capítulo 10

1. John Kilpatrick, When the Heavens Are Brass (Shippensburg, PA: Revival press, impreso por Destiny Image Publishers, Inc, 1997) n.p.

2. Ibid. p. 4.

Capítulo 11

1. Robert Murray Mc'Cheyne vivió entre 1813 y 1843. Nació en Edimburgo, Escocia, y obtuvo su licencia para predicar a los 22 años de edad. Fue ordenado en el pastorado de la iglesia de San Pedro en Dundee, Escocia, a los 23 años, y murió a los 29 años. Mc'Cheyne jamás escribió un libro, y limitó su ministerio esencialmente a Escocia. Luchó contra sus problemas de salud durante toda su vida, pero el "profeta de Dundee" afectó a Escocia de tal manera que se dice que toda la nación lloró su muerte a temprana edad.

Cómo su adoración y oración pueden cambiar su vida, su hogar y su ciudad

Revístase con el favor de Dios, ¡y vaya a la guerra!

La mayoría de los cristianos enfocan su adoración en cuanto a la relación y la devoción, y ambas cosas son excelentes y correctas. Sin embargo, nuestra adoración y búsqueda por conocer a Dios debe también moverse hacia un nivel más alto: ¡el de que se ejerza su voluntad sobre la Tierra!

Vivimos tiempos radicales. Lo que Dios hace y dice en el cielo debe manifestarse sobre la Tierra. El Espíritu del Señor extiende su llamado a los creyentes. A su vez, este llamado desata un sonido desde el cielo que es abrazado por gente de todo el mundo.

Hubo un tiempo en que Lucifer guió a las huestes angelicales de los cielos en la adoración del Creador. Sin embargo, decidió que ya no quería ser más un adorador; en lugar de eso, quería ser adorado. Las GUERRAS DE ADORACIÓN comenzaron en ese momento, y continúan todavía hoy en la Iglesia, sobre la Tierra y en los cielos. Cuando adoramos, nuestra adoración asciende al trono de Dios, y es a través de este proceso que podemos luego descender en guerra efectiva.

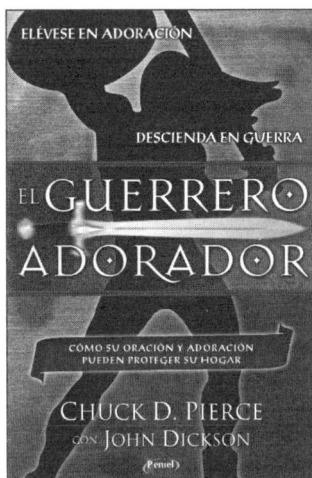

"No traerás cosa abominable a tu casa,
para que no seas anatema;
del todo la aborrecerás y la abominarás,
porque es anatema"

(Deuteronomio 7:26)

LIBERACIÓN
espiritual
del
HOGAR

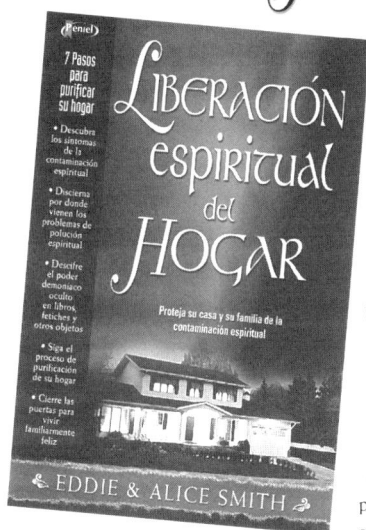

7 Pasos para purificar su hogar

• Descubra los síntomas de la contaminación espiritual

• Discierna por donde vienen los problemas de polución espiritual

• Descifre el poder demoníaco oculto en libros, fetiches y otros objetos

• Siga el proceso de purificación de su hogar

• Cierre las puertas para vivir familiarmente feliz

Liberación espiritual del hogar le ofrece explicaciones, ejemplos, causas y curas para purificar su hogar para la gloria de Dios. La contaminación puede adoptar diversas formas: estatuas de falsos dioses, amuletos mágicos, souvernires, pecados pasados... Pero cualquiera sea la forma que adopten, Dios no desea que poseamos objetos impuros, porque deshonran al Espíritu Santo e invitan al diablo a causar estragos en nuestras vidas.
Basado en la Biblia, práctico y de fácil lectura, este libro está lleno de modos probados en que usted y su familia pueden lograr vivir libres en Cristo, al liberar su casa de objetos que atraen y dan poder a la oscuridad espiritual.

Peniel